Sabine Schwarzkopf

Wie die Work-Life-Balance im Home-Office gelingt

Über die Vereinbarung von Arbeit und Freizeit in Deutschland, Dänemark und Island

Bibliografische Information der Deutschen Nationalbibliothek:

Die Deutsche Nationalbibliothek verzeichnet diese Publikation in der Deutschen Nationalbibliografie; detaillierte bibliografische Daten sind im Internet über http://dnb.d-nb.de abrufbar.

Impressum:

Copyright © Science Factory 2019

Ein Imprint der GRIN Publishing GmbH, München

Druck und Bindung: Books on Demand GmbH, Norderstedt, Germany

Covergestaltung: GRIN Publishing GmbH

Inhaltverzeichnis

Abbildungsverzeichnis V

1 Einleitung – Lernen von den Besten 1

2 Auswirkungen der Mediatisierung der Arbeit 9

    2.1 Die Mediatisierung 9

    2.2 Teleheimarbeit 10

    2.3 Vor- und Nachteile der Einführung von Teleheimarbeit 11

    2.4 Entgrenzung von Arbeit 12

    2.5 Subjektivierung von Arbeit 14

    2.6 Die Work-Life-Balance 15

3 Untersuchungsziele 18

    3.1 Untersuchungsrelevanz der Work-Life-Balance-Maßnahmen 18

    3.2 Selbst- und Medienkompetenzen der Arbeitnehmer 20

4 How's Life im Home-Office? 23

    4.1 Studien der OECD: How's Life? 23

    4.2 Studien des DIW: Home-Office im internationalen Vergleich 25

5 Angewandte Methoden 27

    5.1 Literatur-Review 27

    5.2 Komparatistische Länderstudien 29

    5.3 Sekundäranalyse 31

6 Dänemark und Island im Vergleich: die Suche nach gemeinsamen Unterschieden...32

    6.1 Differenzen in Meteorologie und Work-Life-Balance Bewertungen... 33

    6.2 Die Bedeutung von Sozial- und Zeitmanagement-kompetenzen in der optimalen Work-Life-Balance-estaltung 44

    6.3 Landesspezifischer Stellenwert der Work-Life-Balance und finanzielle Unsicherheiten... 46

7 Fazit...52

Literaturverzeichnis...57

Anhang..69

    Vergleich OECD Punktevergabe mit deutschem Notenvergabeschlüssel 70

    Berechnung CPI-Abdeckungen der Arbeitslosengeldsätze 71

Abbildungsverzeichnis

Abbildung 1: Aufteilung Teleheimarbeit 2012; aus Brenke, 2014 ... 4

Abbildung 2: Aufteilung Teleheimarbeit 2014; aus Brenke, 2016 ... 5

1 Einleitung – Lernen von den Besten

Wenn es nach länderspezifischen Stereotypen geht, ist Dänemark für vieles bekannt: schlichtes, aber luxuriöses Design, raues Wetter, das Gemütlichkeits-Äquivalent „Hygge" und dafür, das glücklichste Land der Welt zu sein. Schon seit es 1973 in der ersten „Happiness-Studie" die Topplatzierung erlangte, arbeitete sich Dänemark in der Glücksforschung zu einem viel beachteten Staat hoch (vgl. Booth, 2014, sowie Wiking, 2016). Seitdem ist Dänemark ein regelmäßig topplatziertes Land in den verschiedensten Happiness-Studien, deren Ziel es ist, herauszufinden, wo und wie die besten Voraussetzungen für ein zufriedenstellendes Leben existieren (vgl. Helliwell, Layard & Sachs, 2012). Heute nimmt Dänemark, zusammen mit den anderen nordischen Ländern wie Schweden, Norwegen, Finnland oder Island, eine Vorbildrolle im Westen ein (vgl. Kleinsteuber, 2003). Auch in der 2017 erschienenen *How's Life?* Studie der *Organisation for Economic Co-operation and Development (OECD)* wird Dänemark auffallend positiv skizziert. So sind hier überdurchschnittliche Bewertungen in einer langen Liste an Lebensbereichen zu finden: Umwelt, ziviles Engagement, soziales Netzwerk, Bildung, Jobs, Löhne, allgemeine Zufriedenheit und Sicherheit. Besonders im Bereich der Work-Life-Balance ist Dänemark topplatziert und belegt insgesamt den ersten Platz der für die Studie untersuchten Länder (vgl. OECD f), 2017; sowie OECD k), 2018).

Rankings dieser Art werden nicht nur in Fachzeitschriften, sondern auch in Populärmedien[1] regelmäßig veröffentlicht (siehe Beispielartikel: Fischer, 2016 oder Leister, 2015). So auch 2016, als in den Niederlanden eine Gesetzesänderung über Flexibilität am Arbeitsplatz in Kraft trat[2],

---

[1] Hiermit sind Massenmedien gemeint, die nach Gerhard Maletzke öffentlich, technisch verbreitet, indirekt und einseitig an ein disperses Publikum vermittelt werden (vgl. Maletzke, 1998).

[2] Der Änderung des niederländischen Gesetzes zufolge haben Arbeitnehmer unter bestimmten Voraussetzungen das Recht, schriftlich Änderungen bei ihrem Arbeitgeber bezüglich ihrer Arbeitszeit, der Art ihres Arbeitsplatzes, sowie ihres Arbeitsortes zu

welche Debatten über die Einführung eines solchen Gesetzes auch in Deutschland anstieß (vgl. Deutscher Bundestag, 2016; sowie Deutscher Bundestag Abteilung Wissenschaftliche Dienste, 2016)[3]. Medial rückte dabei neben der Work-Life-Balance nun auch die zeitliche und örtliche Flexibilisierung der Arbeit – insbesondere in Bezug auf die Arbeitsform des Home-Office (auch Teleheimarbeit genannt) – in den Fokus. Unter Home-Office wird eine räumliche, sowie zeitliche Auslagerung der Arbeit aus dem Betrieb (vgl. Kleemann & Voß, 1999) verstanden. Die Work-Life-Balance bezieht sich hingegen auf eine „intelligente Verzahnung von Arbeits- und Privatleben vor dem Hintergrund veränderter und sich dynamisch wandelnder Rahmenbedingungen" (Sonntag, 2018).

Bei der Debatte über ein auf abhängig Beschäftigte zielendes Flexibilitäts-Gesetz, ähnlich dem in den Niederlanden, bezog sich die Bundestagssitzung dabei auf Berichte des deutschen Instituts für Wirtschaft (DIW) (vgl. Deutscher Bundestag Abteilung Wissenschaftliche Dienste, 2016). In diesen wird die Inanspruchnahme von überwiegender als auch alternierender Teleheimarbeit international verglichen. Dabei kann sich Deutschland im unteren europäischen Mittelfeld platzieren, während besonders die nordischen Länder Schweden, Island und Dänemark das Ranking anführen. Zur Messung der Work-Life-Balance existieren ebenfalls internationale Vergleichsstudien. So zeigt die 2017 erschienene *How's Life?* Studie der OECD für Deutschland ein den in den Berichten des DIW ähnliches Ranking: hier liegt Deutschland bezüglich der Work-Life-Balance-Bewertungen erneut im europäischen Mittelfeld. Die Berechnung der Work-Life-Balance von der OECD erfolgte dabei einerseits durch Evaluierung der Stunden, die die Arbeitnehmer durchschnittlich für Arbeit und für Freizeit

---

verlangen. Diesen Anträgen muss der Arbeitgeber in den Niederlanden zustimmen, sofern keine schwerwiegenden Gründe betrieblicher oder dienstlicher Natur dagegen existieren (vgl. Deutscher Bundestag Abteilung Wissenschaftliche Dienste, 2016).

[3] Arbeiten der Wissenschaftlichen Dienste stellen eine individuelle Auftragsarbeit für einen Abgeordneten des Deutschen Bundestages dar.

aufbringen und andererseits durch Befragung der Arbeitnehmer, wie zufrieden sie mit der Vereinbarung ihrer Sphären des Privatlebens und der Erwerbstätigkeit sind. In der *How's Life?* Studie sind die Länder Island und Dänemark hingegen – anders als im Ranking der Home-Office Anwender in den DIW Berichten – gegensätzlich platziert. So hat Dänemark in der OECD *How's Life?* Studie im Bereich der Work-Life-Balance mit 9,0 die höchste Punktzahl Europas erreicht, während Island mit 4,9 Punkten aus Sicht eines geopolitischen Europas den letzten Platz belegt (vgl. OECD k), 2018). Dabei zeigen diese 2017 veröffentlichten Daten kaum Unterschiede zu den in den Jahren 2014 (basierend auf Daten aus dem Jahr 2012), 2015 (Daten aus 2013) und 2016 (Daten aus 2014) veröffentlichten (vgl. OECD k), 2018).[4]

---

[4] Zum Vergleich: 2014 (basierend auf Daten von 2012) betrug die Anzahl der abhängig Beschäftigten, deren durchschnittliche Stundenanzahl pro Woche 50 oder mehr Stunden betrug, für Dänemark 2,06%. In Island betrug sie 13,73%. Dabei standen in Dänemark durchschnittlich 16,06 Stunden Freizeit pro Tag zur Verfügung, während in Island 14,61 Stunden zur Verfügung standen. 2016 (basierend auf Daten von 2014) arbeiteten in Dänemark 2,21% über 50 Stunden die Woche, in Island 13,79%. Dabei wurden 15,87 Stunden Freizeit für Dänemark ermittelt, für Island 14,13. 2017 arbeiteten in Dänemark 2,2% ab 50 Stunden die Woche, in Island 15,06%, während für Dänemark eine tägliche Freizeit von 15,87 Stunden ermittelt wurde und in Island 14,15 (vgl. OECD k), 2018).

Aufteilung Teleheimarbeit 2012: Arbeitnehmer mit häuslicher Erwerbstätigkeit in europäischen Ländern 2012 (Anteile in Prozent)

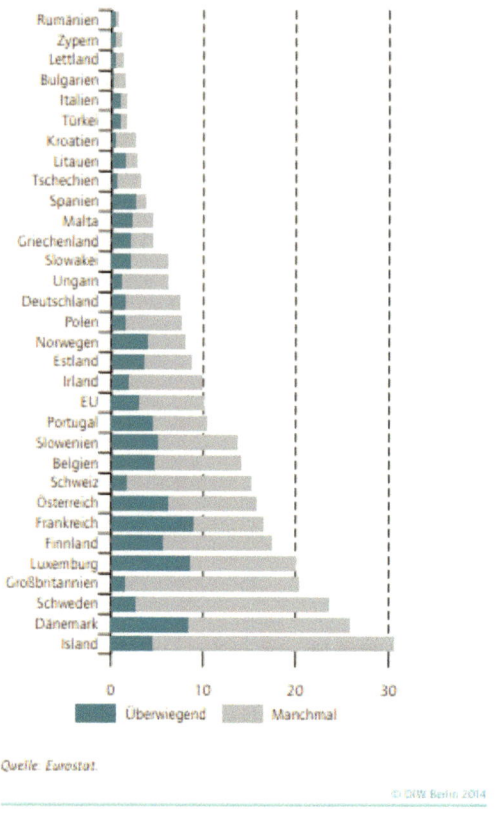

Im internationalen Vergleich gibt es in Deutschland einen geringen Anteil an Heimarbeitern.

Abbildung 1: Aufteilung Teleheimarbeit 2012; aus Brenke, 2014

Aufteilung Teleheimarbeit 2014: Arbeitnehmer, die zu Hause Arbeiten 2014 (Anteil an allen Arbeitnehmern in Prozent)

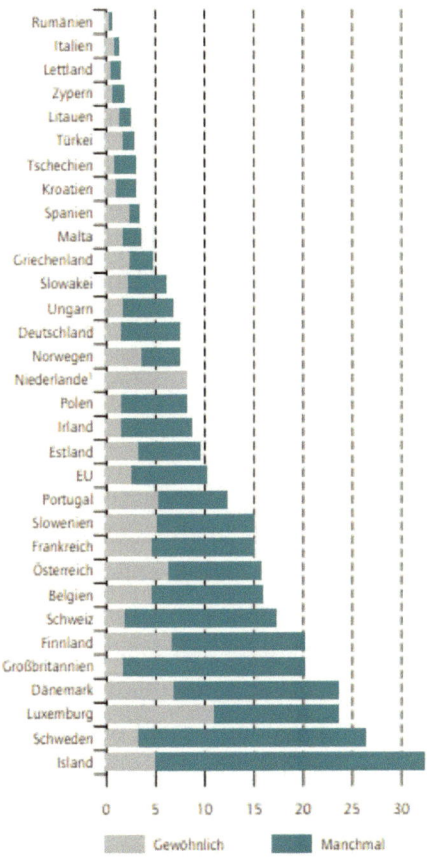

Abbildung 2: Aufteilung Teleheimarbeit 2014; aus Brenke, 2016

Allein anhand des Diskurses der öffentlichen Medien (siehe oben genannte Beispielartikel), sowie der erwähnten Bundestagssitzung, ist ersichtlich, dass mit dem Begriff der Flexibilisierung der Arbeit oft Zeit und Autonomie für die Arbeitnehmer als positive Schwerpunkte verbunden werden (vgl. Deutscher Bundestag, 2016). Auch durch die Definitionen von Home-Office (als Arbeit im privaten Bereich) und der Work-Life-Balance (als Balanceakt zwischen Arbeit und Privatem) selbst, zeigt sich die allgemeine Annahme, dass Teleheimarbeit mehr Freiräume schaffen kann. Bei Betrachtung der Ergebnisse der Studien des DIW im Vergleich zu den Ergebnissen der OECD-Studien kommen in diesem Zusammenhang jedoch verschiedene Fragen auf: Weshalb wird in den Ländern Dänemark und Island, die eine ähnlich hohe Anwendungsquote von Home-Office aufweisen, die Work-Life-Balance so unterschiedlich bewertet? Existiert ein Zusammenhang zwischen einer stabilen Work-Life-Balance und Teleheimarbeit? Welche Faktoren spielen dabei eine entscheidende Rolle?

Diese Fragen bilden die Grundlage der hier vorliegenden Arbeit, deren Ziel es ist, die Studienergebnisse der DIW als auch OECD-Studien miteinander zu vergleichen und zu analysieren. Dabei sollen anhand einer komparatistischen Länderstudie mögliche Gelingens- oder Versagensbedingungen aufgedeckt werden, die für eine gute Work-Life-Balance in der Arbeitsform des Home-Office eine tragende Rolle spielen. Im Zuge dessen sollen in der hier vorliegenden Arbeit Ideen vorgestellt werden, wie diese möglichen Einflussfaktoren auf ihren tatsächlichen Einfluss geprüft werden und im Bereich der Medienpädagogik verortet werden könnten. Dies ist insofern von Bedeutung, damit nach der Identifizierung von Einflussfaktoren – und beispielsweise damit in Zusammenhang stehenden Selbst- und Medienkompetenzen – mediendidaktische Konzepte erstellt werden können. Aus den bisherigen Überlegungen, deren Grundlage wiederum die eingangs erwähnten Berichte und Studien bilden, lässt sich daher für die hier vorliegende Arbeit explizit folgende forschungsleitende Fragestellung ableiten:

Welche Faktoren tragen zu einer gelungenen Work-Life-Balance bei Teleheimarbeit bei?

Die Bezeichnung „gelungen" bezieht sich dabei, dem Vorbild Dänemarks in der OECD Studie 2017 folgend, einerseits auf eine unter 5% liegende Anzahl derer, die mehr als 50 Stunden pro Woche arbeiten und andererseits auf einen OECD Punktewert von über 7[5] im Bereich der privaten (emotionalen) Bewertung der Work-Life-Balance. Des Weiteren ist der Begriff einer „gelungenen Work-Life-Balance" durch seine Subjektbezogenheit dehnbar und kann nur durch erneute Befragungen der betroffenen Subjekte nach einer Implementierung von Maßnahmen, welche die Work-Life-Balance steigern sollen, ermessen werden.

Um sich der Beantwortung der Forschungsfrage zu nähern, besteht zunächst die Notwendigkeit, die Begriffe Teleheimarbeit und Work-Life-Balance spezifischer zu definieren und sie in einen theoretischen Kontext einzubetten. So sind die Themenschwerpunkte einer mediatisierten Arbeitswelt, sowie der darin stattfindenden, bzw. daraus resultierenden Entgrenzung, als auch Subjektivierung von Arbeit, essentiell für die Bemühungen der Annahmen-, Ideen- oder Hypothesenfindung. Daher sollen im Folgenden zunächst die begrifflichen und theoretischen Grundlagen dieser Arbeit präsentiert werden. Die Bedeutung der Work-Life-Balance in der heutigen flexiblen Arbeitswelt (und wie es zu dieser kam) wird ebenfalls kurz dargestellt, um das Vorgehen der hier stattfindenden Sekundäranalyse vorzustellen und zu begründen. Nach Vorstellung der relevanten Theoriemodelle werden der Forschungsstand, welcher hier die Grundlage bildet, und besonders relevante Studien präsentiert. Anschließend erfolgt die Skizzierung des Untersuchungsvorhabens, in welchem anhand eines

---

[5] Der Punktewert wird hier auf Grundlage des in Deutschland häufigsten Noten- bzw. Leistungsbewertungssystems festgelegt. Dieses definiert eine erreichte Leistung von 67%-80% als „gut"; der in der OECD vergebene Punktewert von 7 entspricht dabei einem Prozentsatz von 70 und kann somit ebenfalls als „gut" definiert werden. (s. eigene Berechnung im Anhang sowie vgl. Sekretariat der ständigen Konferenz der Kultusminister der Länder in der Bundesrepublik Deutschland).

Ländervergleiches zwischen Dänemark und Island potentielle Einflussfaktoren einer Work-Life-Balance sekundäranalytisch aufgedeckt werden sollen. Auch erfolgt eine Angabe über Relevanz und Vorteile der hier vorgestellten Analyse. Methoden, mit denen die Analyse vorgenommen werden soll, werden präsentiert und kritisch auf ihre Vor- und Nachteile reflektiert. Nach Skizzierung des Untersuchungsvorhabens erfolgt die eigentliche Analyse. Dabei wird die Anwendung der vorher vorgestellten Methoden – unter Beachtung ihrer einzelnen logischen Schritte und Handlungsanweisungen in der Wissenschaft – präzise dargelegt und ebenfalls kritisch reflektiert. Anschließend werden die erhobenen Ergebnisse zusammengefasst und bewertet, um sie in relevanten Bereichen der Medienpädagogik verorten zu können. Dies soll besonders dem Ziel dieser Arbeit entsprechen, Ideen für Konzepterstellungen und weiterführende Studien zu liefern. Abschließend erfolgen Empfehlungen für weitere Forschungsumsetzungen, in welchen erneut der Fokus auf Deutschland gerichtet werden soll. Dies ist insofern von Bedeutung, da die beschriebene Lage in Deutschland eine Motivation für diese Sekundäranalyse lieferte.

2 Auswirkungen der Mediatisierung der Arbeit

Folgend werden die Begriffe der Teleheimarbeit (des Home-Office) und der Work-Life-Balance, der mediatisierten Arbeitswelt, sowie der Subjektivierung und Entgrenzung von Arbeit näher erläutert, um die in dieser Arbeit vorgenommene Analyse nachvollziehen zu können. Dies ist insofern von Bedeutung, da sich die hier stattfindende Analyse auf diese theoretischen Begriffe stützt, oder ihre Kontext- und Rahmenbedingungen von diesen gebildet werden. Für die innerhalb der Analyse vorgestellten Lösungsvorschläge werden des Weiteren Selbst- und Medienkompetenzen theoretisch erläutert.

2.1 Die Mediatisierung

Dem Kommunikationswissenschafter Friedrich Krotz folgend stützt sich diese Arbeit auf seine Definition der Mediatisierung:

> „Mediatisierung meint, dass durch das Aufkommen und durch die Etablierung von neuen Medien für bestimmte Zwecke und die gleichzeitige Veränderung der Verwendungszwecke und Funktionen alter Medien sich die gesellschaftliche Kommunikation und deshalb auch die kommunikativ konstruierten Wirklichkeiten, also Kultur und Gesellschaft, Identität und Alltag der Menschen verändern." (Krotz, 2003, S.173, zit. n. Roth-Ebner, 2015, S. 30).

Allein in der Definition von Friedrich Krotz sind bereits wichtige Schlagworte der hier vorliegenden Arbeit ersichtlich: so soll des Weiteren der Begriff der Medien spezifiziert und die damit verbundenen Veränderungen auf den Alltag der Menschen beleuchtet werden. Daher wird im Kontext dieser Arbeit, der Medien- und Kommunikationswissenschaftlerin Caroline Roth Ebner folgend, der Begriff der (neuen) Medien von zwei Seiten aus betrachtet: als technische Kommunikationsinstrumente, mit denen Dienste und Anwendungen nutzbar gemacht werden (vgl. Roth-Ebner, 2015), sowie als „Instrumente zur Interaktion mit Computersystemen zur Bearbeitung von Informationen" (Roth-Ebner, 2015, S. 25). Dies ist insofern bedeutsam, dass Home-Office allein in dessen Erscheinungsform diese Definition unterstützt. So ist laut Frank Kleemann Telearbeit als „informationstechnisch vermittelte Informationsarbeit in räumlicher Distanz zum Betrieb" zu verstehen (Kleemann, 2004, S. 291, zit. n. Roth-Ebner, 2015, S. 54). Diese räumliche Distanz resultiert laut Kleemann in einer „Einbettung der Erwerbstätigkeit in den privaten Alltag der Beschäftigten" (Kleemann, 2005, S. 60). Da sich Teleheimarbeit auf technische Mittel stützt, sind dabei Medienkompetenzen der einzelnen Anwender gefordert, welche in der hier stattfindenden Analyse ebenfalls Betrachtung finden werden. Der Fokus dieser Arbeit liegt daraus folgend verstärkt auf den Folgen, die sich für die Arbeitnehmer aus der mediatisierten Arbeitsform der Teleheimarbeit ergeben, als auf den Systemen selbst, mit denen die Subjekte interagieren.

2.2 Teleheimarbeit

Bei Teleheimarbeit wird allgemein von der Arbeit, die – bei abhängig Beschäftigten nach Absprache mit dem Betrieb – außerhalb der eigentlichen Betriebsstätte verrichtet werden kann gesprochen; so beispielsweise im eigenen Zuhause (vgl. Larsen, 2008). Im Fall abhängiger Beschäftigter ist die Teleheimarbeit oft alternierend, sie wird also anteilig zu Hause und im zentralen Büro verrichtet. Reine Teleheimarbeit findet nur zu Hause statt und ist in dieser Form überwiegend bei Selbstständigen zu finden (vgl. Kleemann, 2005). Teleheimarbeit ist dabei nicht zu verwechseln mit Telemobilarbeit, wobei sich letztere auf das Arbeiten von unterwegs (beispielsweise beim Pendeln) bezieht (vgl. ebd.). Dem übergeordnet ist dabei die Telearbeit im Allgemeinen, die zwar oftmals als Synonym für ihre einzelnen Formen verwendet wird, jedoch mehrere Arten umfasst. So existiert neben der Arbeit zuhause (Teleheimarbeit, alternierend oder rein) und der Arbeit unterwegs (Telemobilarbeit) auch die kollektive Telearbeit (vgl. ebd.). Bei letzterer arbeiten Beschäftigte aus unterschiedlichen Betrieben gemeinsam nahe ihres Wohnortes in einem Telearbeitszentrum oder gar in virtuellen Unternehmen, bei welchen eine zentrale Arbeitsstätte nicht mehr existent ist (vgl. ebd.). Auch hier ist das zentrale Merkmal der Tele(heim)arbeit erkennbar: die Verrichtung von Arbeit außerhalb des „üblichen" zentralen Büros (vgl. ebd.).

Home-Office im klassischen Sinne ist dabei nicht neu – schon in der vorindustriellen Zeit existierte eine „Verankerung der Produktionsfunktion im Haushalt" (Jäckel & Rövekamp, 2001, S. 1). Neu gegenüber der vorindustriellen Zeit ist dabei nur, dass in der Teleheimarbeit die Arbeitsergebnisse und Prozesse über technische Kommunikationsmittel geklärt und verarbeitet werden (vgl. Kleemann, 2005). Da diese technischen Mittel in einer Interdependenz stehen zu den Subjekten, die sie nutzen (und diese wiederum zu der Gesellschaft, der sie angehören), kann hier die Verbindung zur Mediatisierung aufgezeigt werden (vgl. Roth-Ebner, 2015).

2.3 Vor- und Nachteile der Einführung von Teleheimarbeit

Teleheimarbeit trägt nicht nur das Potential für Vorteile auf Arbeitnehmerseite, sondern auch Arbeitgeber können von dieser Arbeitsform profitieren. Besonders unter den Gesichtspunkten der Loyalität und Wirtschaftlichkeit werden „vermehrt Telearbeitsplätze in Unternehmen und Behörden eingerichtet" (Jäckel & Rövekamp, 2001, S. 1). Durch das Ermöglichen von Home-Office-Plätzen kann die notwendige Bürofläche im Betrieb reduziert, das Image und Erscheinungsbild des Unternehmens verbessert und modernisiert, Beschäftigte stärker an das Unternehmen gebunden und eine höhere Produktivität der Telebeschäftigten erzielt werden (vgl. Jäckel & Rövekamp, 2001).Dies bewies auch die Studie „Telearbeit und Zeitökonomie" an der Universität Trier (vgl. ebd.). Ihr zufolge liegen die Produktivitätssteigerungen im Home-Office bei 10-50%. Hierin ist nicht nur ein Vorteil auf Seiten der Arbeitgeber ersichtlich, sondern auch auf Seiten der Arbeitnehmer. Die Studien „Monitor mobiles und entgrenztes Arbeiten" (Bundesministerium für Arbeit und Soziales, 2015) und „The Benefit of Frequent Positive Affect" (Lyubomirsky, King & Diener, 2005) legen beispielsweise dar, dass produktivere Arbeitnehmer glücklicher sind. In der Studie der Universität Trier gaben die Arbeitnehmer dabei an, dass ihre Produktivität deshalb gesteigert sei, da sie weniger Störungen zuhause erfahren würden, sich somit besser konzentrieren könnten, die Arbeitsatmosphäre angenehmer sei und sie sich ihre Arbeitszeiten besser selbstständig einteilen könnten. Hier ist der gesteigerte Freiraum, den Home-Office ermöglichen kann, ersichtlich. Gleichzeitig zeichnet sich jedoch auch hier bereits der erhöhte Bedarf an subjektiver Gestaltungsarbeit ab, da es für flexible Arbeitsformen eines Koordinationsaufwandes bedarf sowie Selbstdisziplin und -verantwortung (vgl. Roth-Ebner, 2015). Auch führen flexible Arbeitsmodelle zu Unbestimmtheiten und daher zu Unsicherheiten auf Seiten der Arbeitnehmer (vgl. ebd.), was ebenfalls einen Grund für die erhöhten Produktivitätsraten darstellen kann und in dieser Arbeit noch näher betrachtet wird. So können sich beispielsweise durch eine selbstständige Zeiteinteilung im Home-Office neue Freiräume und Gestaltungsmöglichkeiten ergeben, andererseits besteht die Gefahr der Leistungsverdichtung (vgl. Jäckel & Rövekamp, 2001), welche zu einer größeren Einnahme der Arbeit im eigenen Leben führen kann. Durch die oben bereits erwähnte „Einbettung der Erwerbstätigkeit in den privaten Alltag der Beschäftigten" (Kleemann, 2005, S. 60) kommt es somit zu einer Verzahnung der Sphären der Erwerbstätigkeit und der des Privatlebens. Hier wird von einer Entgrenzung gesprochen, durch die die beiden Sphären nicht mehr eindeutig voneinander konturiert und abgegrenzt sind (vgl. Gottschall & Voß, 2005).

2.4 Entgrenzung von Arbeit

Um das derzeitige Problem der Entgrenzung der Arbeit darzulegen, ist es notwendig, in einem historischen Kontext die frühere Form der Arbeit zu skizzieren. Nur so können die eigentlichen Entgrenzungsprozesse aufgezeigt werden. In der hier vorliegenden Arbeit soll dazu der Idealtypus der *fordistischen Normalarbeit* dienen.

Diese Betrachtung lässt sich darin begründen, dass die derzeitige Phase der Arbeit historisch als „Postfordismus" bezeichnet wird und durch nötige Verbesserungen und Evolutionsprozesse vom Fordismus geprägt wurde (vgl. Hirsch & Roth, 1986).

Die als Fordismus bezeichnete Epoche der Arbeit etablierte sich nach dem ersten Weltkrieg und ist geprägt durch eine betriebliche Strategie der „Rationalisierung von Arbeit, deren Kurzformel die Organisation von Einsatz (Verfügbarkeit) und Nutzung (Leistung) von Arbeitskraft in und durch spezifische Grenzen ist" (Kratzer & Sauer, 2005, S. 94). Diese Grenzen trennten weitestgehend die Sphären von Arbeit und Privatleben in räumlicher, zeitlicher und sozialer Hinsicht. Das ist erkennbar an den Merkmalen fordistischer Arbeitsverhältnisse wie der Kopplung des Arbeitsortes an den Betrieb, einer Standardisierung der Arbeitszeiten, sowie einer Normierung der Beschäftigungsverhältnisse (vgl. Kratzer & Sauer, 2005). Diese Merkmale wurden jedoch, als der Fordismus ab den 1960er Jahren in eine soziale und ökonomische Krise geriet, durch ein hohes Maß an Flexibilität der daraufhin folgenden Toyotismus-Epoche (auch Postfordismus genannt) abgewandelt (vgl. Hirsch & Roth, 1986). Der verstärkten Etablierung von Flexibilitätsmaßnahmen liegen Einflussfaktoren wie die Globalisierung, Neoliberalität, technologische Veränderungen oder auch gesellschaftliche Veränderungen, wie z.B. Individualisierungsprozesse oder die gestiegene Erwerbsbeteiligung von Frauen zugrunde (vgl. Kratzer & Sauer, 2005). Dadurch ist erkenntlich, dass der Postfordismus nicht nur Auswirkungen auf Ebene der Unternehmen mit sich zog, sondern auch auf an der Arbeit anliegenden Sphären, deren Grenzen nun aufgeweicht werden (vgl. Gottschall & Voß, 2005).

In dieser Arbeit soll der Fokus besonders auf der Sphäre der privaten Lebensform liegen. Da der Begriff der privaten Lebensform bereits suggeriert, dass individuelle *Subjekte* diesen Auswirkungen ausgesetzt sind, soll folgend die Subjektivierung der Arbeit betrachtet werden. Denn wie auch Voß und Gottschall weiter beschreiben, zeigen sich fast immer „außer den positiv empfundenen Öffnungen und Flexibilitätsgewinnen Probleme der

(Re-) Integration der jetzt nicht mehr wie gewohnt klar konfigurierten Verteilungen von Funktionen und Identitäten" (Gottschall & Voß, 2005, S. 12).

2.5 Subjektivierung von Arbeit

In den aktuellen sozialwissenschaftlichen Diskursen um die derzeitige und zukünftige Lage der Erwerbsarbeit wird häufig deutlich hervorgehoben, dass die Anforderungen an Arbeitnehmer im Hinblick ihrer individuellen Handlungen und Deutungen im Arbeitsprozess steigen (vgl. Kleemann, Matuschek & Voß, 1999). Die Subjektivierung wird dabei zweiseitig betrachtet. Das bedeutet, dass die Erwerbstätigkeit nicht nur den Arbeitnehmer subjektiviert (indem sie Handlungen oder Deutungen der Subjekte fordert oder gar erzwingt), sondern der Arbeitnehmer selbst seine „Subjektivität" in die Arbeit hineinträgt (vgl. Kleemann, Matuschek & Voß, 1999). Die Subjektivierung von Arbeit erzielt somit eine Anpassung beiderseits. Einerseits durch zeitliche oder örtliche Anpassung an die Bedürfnisse der arbeitenden Subjekte, andererseits muss sich der Arbeitnehmer nun den sich aus diesen Freiräumen ergebenden neuen Anforderungen stellen. Dadurch kommt es in dieser Wechselbeziehung jedoch zu einer doppelten Belastung der Arbeitnehmer, da sie:„Erstens, mit subjektiven Beiträgen den Arbeitsprozess auch unter entgrenzten Bedingungen im Sinne der Betriebsziele aufrecht [erhalten] und zweitens, die eigene Arbeit viel mehr als bisher aktiv zu strukturieren, selbst zu rationalisieren und zu verwerten [müssen]" (Moldaschl & Voß, 2003, S. 16, zit. n. Moosbrugger, 2012).

Durch die Anforderung an die Arbeitnehmer, „mit subjektiven Beiträgen den Arbeitsprozess auch unter entgrenzten Bedingungen im Sinne der Betriebsziele aufrecht zu erhalten" (vgl. ebd.) kann auch im Themenfeld der Subjektivierung von Arbeit erneut die Verbindung zur Mediatisierung der Arbeit aufgezeigt werden. So steigen allein durch die Verwendung der Informations- und Kommunikationstechnologien die Anforderungen an die

Arbeitnehmer bezüglich ihrer Medienkompetenzen. In der Arbeitsform des Home-Office steigen diese Anforderungen gleichzeitig durch die Dezentralisierung, die sich durch diese Arbeitsform ergibt. So muss die fehlende Präsenz ausgeglichen werden mittels einer starken medialen Präsenz (z.B. durch gesteigerten Emailverkehr), während gleichzeitig die Hilfe von beispielsweise der betriebseigenen IT-Abteilung eventuell nur zeitverzögert und erschwert in Anspruch genommen werden kann (vgl. Roth-Ebner, 2015). Auch hier wird deutlich, dass die Subjektivierung, als auch die Mediatisierung von Arbeit, einerseits größere Gestaltungsräume ermöglichen, andererseits auch höhere Anforderungen an die Arbeitnehmer, hinsichtlich der Koordination zwischen Erwerbstätigkeit und Privatleben, stellen. Hier sind Selbstmanagementkompetenzen erforderlich, um eine solche aktive Gestaltungsarbeit leisten zu können, die letztendlich auf eine gesunde Balance der beiden Sphären Erwerbstätigkeit und Privatleben zielen sollte.

2.6 Die Work-Life-Balance

Wie schon an der Entgrenzung von Arbeit und dem Wandel vom Fordismus zum Postfordismus ersichtlich geworden, setzt der Wandel von Erwerbsarbeit „- in Verbindung mit einem Rückbau sozialer Sicherungssysteme und einem Einflussverlust kollektiver Interessenvertretung – neue individuelle Kompetenzen voraus: allgemeine „Lebens- und „Selbstkompetenzen"" (Jürgens & Voß, 2007). Diese sind besonders im Hinblick auf die Subjektivierung der Arbeit wichtig für das parallele Management von Arbeit und dem Privatleben. Genau hier wird von einer Work-Life-Balance gesprochen.

Der Begriff der Work-Life-Balance hat sich bereits in unterschiedlichen Forschungsrichtungen etabliert, wie beispielsweise der Psychologie, Soziologie, Pädagogik oder der Betriebswirtschaft (vgl. Müller, 2016). Doch in den einzelnen Wissenschaften herrscht Uneinigkeit darüber, was der Begriff der Work-Life-Balance konkret umfasst. Daher existieren facettenreiche Sicht- und Herangehensweisen im Umgang mit der Work-Life-Balance. Maren Spatz geht in ihrem Werk „Work-Life-Balance: Junge Führungskräfte als Grenzgänger" mit der in der Begrifflichkeit der Work-Life-Balance implizierten Trennung von Arbeit und Leben konform, sofern sie vor dem Hintergrund der Industrialisierung gesehen wird. Obwohl auch die Teleheimarbeit in Kapitel 2.1. dieser Arbeit unter Beziehen auf einen historischen Kontext des Fordismus sowie Toyotismus definiert wurde, wird die Definition von Spatz hier nur ergänzend vorgestellt. Eberhard Ulich und Bettina Wiese bezeichnen hingegen den Begriff der Work-Life-Balance als irreführend und tendieren daher zur Begrifflichkeit der Life Domain Balance. Sie sehen Erwerbstätigkeit als Teil des Lebens (Life) an und auch im Kontext dieser Arbeit ist die Definition nach Ulich und Wiese treffender, da unter dem Gesichtspunkt der Entgrenzung von Arbeit die Sphäre der Erwerbstätigkeit eng mit anderen Lebensbereichen verzahnt ist. Folgend werden Faktoren in eben diesen Lebensbereichen gesucht, wobei dennoch die Bezeichnung der Work-Life-Balance aufgrund ihrer Verwendung in den OECD-Studien genutzt wird.

Trotz der facettenreichen Sichtweisen auf den Begriff lassen sich in den einzelnen Wissenschaften doch Gemeinsamkeiten in ihren Definitionen finden: so liegt die Betonung innerhalb der Definitionen der Work-Life-Balance einerseits auf dem Faktor der Zeit. Dabei wird diese meist in Arbeits- und Freizeit eingeteilt (vgl. Ulich & Wiese, 2011). Doch bereits hier wird die Definition weiterer Untergliederungen schwierig: laut der üblichen gesetzlichen Definition zählen beispielsweise Arbeitsunterbrechungen wie Pausen nicht zur Arbeitszeit; da der Arbeitnehmer jedoch keinen großen Spielraum in der Gestaltung dieser hat, können solche Arbeitsunterbrechungen „allenfalls als „arbeitsgebundene Freizeit"" bezeichnet werden (Ulich & Wiese, 2011, S. 21). In den OECD Studien erfolgte die zeitliche Angabe der Anwesenheit, während die Arbeits- und Freizeit einander gegenübergestellt wurden (OECD k), 2018). In der folgenden Analyse erfolgt die gleiche Gegenüberstellung unter dem Gebrauch der oben beschriebenen Definition der Life-Domain-Balance.

Des Weiteren liegt eine gemeinsame Betonung innerhalb der üblichen Definitionen der Work-Life-Balance auch auf deren Fokus, zu entdecken, wie sich verschiedene Lebensbereiche miteinander vereinbaren lassen; ob sie nun als einander anliegende oder gar verzahnte Sphären betrachtet werden (Spatz, 2014, oder Pangert, Schiml & Schüpbach, 2015). Das Ziel der Vereinbarkeit vom Berufs- und Privatleben setzt jedoch auch hier wieder, wie in den Kapiteln der Entgrenzung und Subjektivierung von Arbeit bereits angesprochen, eine aktive Gestaltungsleistung voraus. Betrachtet wird dies in der hier vorliegenden Arbeit einerseits unter der Arbeitsform der Teleheimarbeit, andererseits unter der Sichtweise, dass das Leben aus diversen Bereichen besteht, von denen Erwerbstätigkeit einer ist. Da durch alternierende Teleheimarbeit, die per Definition in die Sphäre der Arbeit als auch in die des Privatlebens eingreift, eine Entgrenzung stattfindet, soll die folgende Analyse der OECD Studie im Vergleich zur DIW Studie betrachtet werden. Dies soll unter anderem unter den drei Sichtweisen – Silke Michalk und Peter Nieder folgend – der Gesellschaft, Organisation und des Individuums auf die Work-Life-Balance erfolgen (vgl. Michalk & Nieder, 2007). Ergänzend dazu erfolgt auch eine Einordnung der Analyseergebnisse in Kategorien der Selbst- und Medienkompetenzen, welche folgend noch ausführlicher erklärt werden. Das Ziel der Identifizierung von Einflussfaktoren auf die Work-Life-Balanceliegt in dieser Arbeit primär auf dem Nutzen für Arbeitnehmer. Dafür müssen jedoch auch äußere Umstände, wie beispielsweise Bedingungen innerhalb der Gesellschaft, oder Einstellungen und Handlungen, sowie interne Bedingungen der Betriebe und Organisationen, von denen die Arbeitnehmer ein Teil sind, mit einbezogen werden. Auch sollen nun die Gründe, weshalb eine Balance zwischen der Sphäre der Erwerbstätigkeit und der des Privatlebens wichtig ist, dargelegt werden.

3 Untersuchungsziele

Die besonders unter dem Punkt der Entgrenzung beschriebene veränderte Arbeitswelt stellt zwar einerseits komplexe Anforderungen an den Arbeitnehmer, bietet diesem andererseits gleichzeitig die Chance, „sowohl ein zufriedenes berufliches als auch ein zufriedenes privates Leben zu führen" (Michalk & Nieder, S. 34). Doch auch für Arbeitgeber lohnt die Etablierung der Work-Life-Balance als Instrument der Personalführung, wobei Handlungsdruck auf Seiten der Unternehmer bisher meist nur dann entsteht, wenn Kosten drohen (vgl. ebd.). So beispielsweise bei längeren Ausfallzeiten von Führungskräften oder frühzeitigen Todesfällen. Ein sinnvoll eingeführtes Konzept der Work-Life-Balance, welches auf den Erhalt der Gesundheit von Mitarbeitern zielt, ist daher ein wichtiger Aspekt in der heutigen Arbeitswelt (vgl. ebd.).

3.1 Untersuchungsrelevanz der Work-Life-Balance-Maßnahmen

Der treibende Faktor ist dabei der der Prävention, da Unternehmen oftmals nur dann handeln, wenn der Mitarbeiter auffällig hohe Fehlzeiten aufweist und dann Mittelpunkt von Gegenmaßnahmen wird. Die Praxis zeigt jedoch, dass präventiv eingeführte „Work-Life-Balance-Maßnahmen Krankenstand, Absentismus, Unfallzahlen und Fluktuation verringern können" (Michalk & Nieder, S. 36) und damit unmittelbar Kosten einsparen (vgl. ebd.). So zeigt auch das Beispiel der oft mit der WLB in Verbindung gebrachten personalpolitischen Familienfreundlichkeit diesen Kosteneffekt auf: Nimmt eine Frau die vollen 3 Jahre Elternzeit[6] in Anspruch, entsprechen die Kosten für die Wiedereingliederung denen der Suche nach einer Neubesetzung. Kehrt sie allerdings schon nach 6 Monaten

---

[6] Bundeselterngeld- und Elternzeitgesetz BEEG Stand 2017.

zurück, entstehen dem Unternehmen nur ca. 15% der Kosten, die bei einer Neueinstellung anfallen (vgl. ebd.).

Um eben einen hohen Krankenstand und Unzufriedenheit, welche zu verringerter Produktivität führen, zu minimieren, sind daher Balance-Maßnahmen von großer Bedeutung. Doch auch diese erfordern aktives Handeln auf beiden Seiten. So können Unternehmen mitarbeiterfreundliche Maßnahmen etablieren, es müssen jedoch gleichzeitig die Mitarbeiter für einen bewussten Umgang mit diesen geschult werden. „Insofern ist auch das Management neu gefordert: Es ist auf Kontrollinstrumente angewiesen, die sich dazu eignen, autonom angelegte Arbeitsprozesse auch kontrollier-und steuerbar zu halten (vgl. Moosbrugger, 2012, S. 31).Denn erwiesen ist, dass in einer Arbeitsform wie dem Home-Office – die eigentlich einen flexibleren Gestaltungsspielraum ermöglichen soll – Arbeit oftmals überhandnimmt (vgl. Roth-Ebner, 2015). Zwar bringt dies besonders im Home-Office zunächst eine gesteigerte Produktivität, welche in Maßen sogar das psychische Wohl steigert (vgl. Lyubomirsky, King & Diener, 2005) und sich somit zunächst positiv auf den Mitarbeiter auswirken kann. Doch kann eben diese gesteigerte Produktivität bei langanhaltender Belastung gesundheitliche Folgen haben (vgl. Michalk & Nieder, 2007; sowie Lyubomirsky, King & Diener, 2005). Psychische Belastungen, die durch zu viel Arbeit und Stress ausgelöst werden, wie bspw. Depressionen, Schlaflosigkeit oder Burnout, nehmen zu. (Michalk & Nieder, 2007, sowie Roth-Ebner, 2015). Daran ist ersichtlich, wie wichtig eine Untersuchung von Work-Life-Balance-Maßnahmen ist, um die Gesundheit der arbeitenden Bevölkerung zu erhalten oder zu verbessern. Dies gilt für die Mitarbeiter als Individuen sowie für die Unternehmen selbst. Eine flexible Arbeitswelt kann neue Möglichkeiten liefern, positive Veränderungen – besonders für die Arbeitnehmer – zu erwirken, sie birgt jedoch auch gleichzeitig neue Gefahren (vgl. Roth-Ebner, 2015). So liefert die Teleheimarbeit beispielsweise den Vorteil, durch ein Arbeiten von Zuhause aus die Sphäre der Erwerbstätigkeit besser mit der des Familienlebens vereinen zu können (vgl. Michalk & Nieder, 2007; sowie Roth-Ebner, 2015). Die fehlende

Präsenz im Büro der Betriebsstätte kann jedoch dazu führen, dass der Arbeitnehmer zuhause versucht, diese durch Mehrarbeit auszugleichen (vgl. Roth-Ebner, 2015). Auch hat die räumliche Trennung vom eigentlichen Arbeitsplatz in der alternierenden Teleheimarbeit Folgen für die Kommunikation der Arbeitnehmer untereinander, da hierbei fast ausschließlich auf die mediatisierte Form (beispielsweise durch Telefonate, E-Mails oder Messengernutzung) zurückgegriffen wird (vgl. Roth-Ebner, 2015). Daher ist der Arbeitnehmer zur Problemlösung innerhalb der Inanspruchnahme der Teleheimarbeit auf ein stabiles Spektrum an Selbstkompetenzen angewiesen, bei denen teilweise der Betrieb unterstützend und fördernd mitwirken kann.

3.2 Selbst- und Medienkompetenzen der Arbeitnehmer

Wie bereits erwähnt verfolgt die hier vorliegende Arbeit das Ziel, einerseits Faktoren aufzudecken, die die Work-Life-Balance im Home-Office beeinflussen können und andererseits, Ideen für mögliche Konzepte vorzustellen, die auf diesen Faktoren basieren und die Work-Life-Balance für abhängig Beschäftigte im Home-Office positiv[7] beeinflussen sollen. Dafür sollen an dieser Stelle die spezifischen Begriffe der Selbstkompetenz sowie der Medienkompetenz, beziehungsweise der Medienmündigkeit genannt werden. Für den Kontext dieser Arbeit werden diese im Zusammenhang und aufeinander aufbauend betrachtet. Für die Ideenimpulslieferung möglicher (medien-)didaktischer Konzepte nach Identifizierung von Faktoren, die die Work-Life-Balance potentiell beeinflussen, bietet der Begriff der Kompetenz den zentralen Startpunkt. Die (Selbst-)Kompetenz bezeichnet „die Fähigkeit und Bereitschaft, selbstständig zu handeln, eigenes und das Handeln anderer zu reflektieren und die eigene Handlungs-

---

[7] Hier sei erneut hervorzuheben, dass eine „gelungene" als auch eine „positive" Work-Life-Balance sich auf einen OECD Wert von über 7 Punkten oder unter 5% an Arbeitnehmern, die mehr als 50 Stunden die Woche arbeiten. Andererseits ist das Konzept der Work-Life-Balance als subjektives und daher nicht konkret definierbares zu betrachten.

fähigkeit weiterzuentwickeln" (vgl. Arbeitskreis Deutscher Qualifikationsrahmen, 2011). Sie umfasst dabei Fähigkeiten wie die zur Selbstmotivation, -organisation sowie -management; Lern- und Leistungsbereitschaft, Sorgfalt, Flexibilität, Entscheidungsfähigkeit und Zeitmanagement (vgl. ebd.). Fähigkeiten dieser Art werden für den Balanceakt zwischen den Sphären der Erwerbstätigkeit und des Privatlebens benötigt. Die beiden Begriffe der Medienkompetenz sowie der Medienmündigkeit sind nicht synonym. Da jedoch innerhalb der Medienpädagogik verschiedene Auffassungen existieren, was der Begriff der Medienkompetenz umschließt, soll sich hier ergänzend auf die Medienmündigkeit gestützt werden. Laut Bernd Schorb haben die bisher existierenden Definitionen des Begriffs der Medienkompetenz Berührungspunkte in den Feldern Medienwissen, Medienbewertung und Medienhandeln gemein (vgl. Schorb, 2005). Laut Gapski, Bleckmann, Hübner und anderen ist der Begriff der Medienkompetenz jedoch eben durch diese zahlreichen Definitionen nicht mehr brauchbar (vgl. Gapski, 2001; Bleckmann, 2012; sowie Hübner, 2015). Hübner und Bleckmann möchten ihn daher durch den Begriff der Medienmündigkeit ersetzen (vgl. Bleckmann, 2012; Hübner, 2015). In der hier vorliegenden Arbeit sollen die Befunde der folgenden Analyse mit Blick auf den zusammengefassten Begriff der Medienkompetenz nach Schorb, sowie zusätzlich mit Blick auf den Begriff der Medienmündigkeit betrachtet werden. Medienmündigkeit stützt sich dabei auf den Begriff der Mündigkeit. Mündig ist, wer autonom für sich eintreten und sich für langfristige Ziele einsetzen kann; *medien*mündig ist, wer möglichst die Medien beherrscht, statt sich von ihnen beherrschen zu lassen (vgl. Bleckmann, 2012). Beide Begriffe sind für diese Arbeit relevant, da allein aus den betrachteten Risiken der Arbeitsform der Teleheimarbeit - sowie dem Fakt, dass diese Flexibilität bei fehlenden Selbstkompetenzen oft zu vermehrter Arbeit und deren Folgen führt - die Bedeutung der Beherrschung von Medien (hier Home-Office im Speziellen) deutlich wird. Die Analyseergebnisse werden dann den Medienkompetenzbereichen des Medienwissens, der Medienbewertung sowie des Medienhandelns zugeordnet, um Handlungsvorschläge besser einordnen und präzisieren zu können.

Dabei ist für diese Arbeit jedoch explizit hervorzuheben, dass der Schwerpunkt auf dem Umgang mit der mediatisierten Arbeit liegt, nicht aber auf dem medienkompetenten Umgang mit *einzelnen* Medien innerhalb der mediatisierten Arbeitsform der Teleheimarbeit. Diese spielen durchaus eine Rolle, vordergründig beschäftigt sich die hier vorliegende Arbeit jedoch mit den geforderten Selbstkompetenzen der Beschäftigten innerhalb eines Home-Office Arrangements. Der Begriff der Medienkompetenz bezieht sich im Kontext dieser Arbeit daher (unter Betrachtung möglicher Einflüsse auf die Work-Life-Balance der Individuen) auf den Umgang mit den Bedingungen, die die Teleheimarbeit aufwirft. Dies ist dem Umstand geschuldet, dass der Begriff der Medienkompetenz breit gefasst werden kann. Das spiegelt sich auch in der Definition der EU-Expertengruppe Medienkompetenz wider, laut denen der Begriff der Medienkompetenz „sämtliche technischen, kognitiven, sozialen, staatsbürgerlichen und kreativen Fähigkeiten, die den Zugang zu den Medien und den kritischen Umgang und die Interaktion mit ihnen ermöglichen" umfasst (Europäische Audiovisuelle Informationsstelle, 2016, S. 16). Auch damit kann erneut eine Verbindung zur Mediatisierung der Arbeit gezogen werden, da diese „den Wandel von Alltag, Kultur und Gesellschaft im Kontext des Wandels der Medien" aufzeigt (Krotz, Despotović & Kruse, 2017, S. 14.).

4 How's Life im Home-Office?

Wie bereits mehrfach erwähnt, bildet die *How's Life?* Studie der OECD einen bedeutenden Grundbaustein der hier vorliegenden Arbeit, während die Studien des DIW zum internationalen Vergleich von Home-Office Anwendungen den Vergleichspunkt in dieser Arbeit darstellen sollen. Daher werden folgend die einzelnen Studien, unter Betrachtung ihrer Datengrundlagen und Erhebungsstrategien, sowie relevanter Angaben zu den dahinterstehenden Organisationen, näher vorgestellt. Ebenfalls wird die Auswahl der Studien begründet und Angaben zur ihrer Vergleichbarkeit gemacht.

4.1 Studien der OECD: How's Life?

Die *Organisation for Economic Co-operation and Developement* (OECD) wurde 1948 im Zuge des Marshall Plans zunächst unter dem Namen Organisation for European Economic Co-operation (OEEC) gegründet, um Kooperationen und Rekonstruktionen für einen lange währenden Frieden nach dem zweiten Weltkrieg zu sichern. 1961 öffnete sich die OECC auch nicht-europäischen Ländern und wurde somit zur Organisation for Economic Co-operation and Developement. Heute gehören 35 Länder der OECD an und nutzen die von der OECD erhobenen Daten, um sich gegenseitig bei Problemen zu unterstützen, diese zu diskutieren und zu analysieren und letztendlich zu lösen (vgl. OECD m), 2018). Speziell die in der hier vorliegenden Arbeit relevante Studie *How's Life?* von der OECD hat zum Ziel, Statistiken hervorzubringen, welche, als Grundlage für Verbesserungen in der staatlichen Politik, die Lebensqualität als auch die materiellen Lebensbedingungen der Bürger der jeweiligen Länder widerspiegeln (vgl. OECD e), 2017). Dies hat zur Grundlage, dass das Bruttoinlandsprodukt nicht mehr als alleiniger Indikator anerkannt wird – obwohl dies für lange Zeit der Fall war – um Aussagen über aktuelle und zukünftige Lebensbedingungen von Völkern zu treffen (vgl. OECD b), 2011).

Nach Sammlung und Analyse der Daten werden diese von Repräsentanten der Mitgliedsstaaten sowie von Ländern mit Observierungsstatus in Komitees diskutiert, während der OECD-Rat (welcher ebenfalls von Repräsentanten der Mitgliedsstaaten sowie der europäischen Kommission besetzt ist) auf dieser Grundlage Entscheidungen fällt (vgl. OECD n), 2018). Die betroffenen Regierungen der Länder können diese Empfehlungen dann implementieren, um gewünschte Verbesserungen in ihrer Politik einzuleiten (vgl. OECD m), 2018). Dabei wurden für die Erhebung der *How's Life?* Studie 11 Faktoren des sogenannten *better life index* festgelegt, mit denen das Wohl der Bürger erhoben werden soll. Jeder dieser 11 Faktoren ist gleichgewichtet und wurden auf Basis einer Vielzahl statistischer Daten festgelegt; so zum Beispiel nach Relevanz (innerhalb der Politik, Bedeutung für die Bürger) als auch Datenqualität (Gewährleistung der internationalen Vergleichbarkeit, Aktualität, Reichweite, etc.). Daneben wurden sie auch in Absprache mit den OECD-Mitgliedsstaaten festgelegt (vgl. OECD l), 2018). Da hier jedoch ein internationaler Konsens erforderlich ist, können spezifische Daten, die nur für einzelne Länder relevant sind (beispielsweise Spiritualität), nicht im OECD *better life index* abgebildet werden. So regt die OECD jedoch seit ihrer Gründung 1961 ihre Mitgliedsstaaten zu eigenen Erhebungen ähnlich der *How's Life?* Studie an, wodurch mittlerweile für viele Länder spezifische Datenquellenexistieren (vgl. OECD a), 2011). Die elf Faktoren des *better life index* umfassen dabei *Housing, Income, Jobs, Community, Education, Environment, Civic engagement, Health, Life Satisfaction, Safety* und *Work-Life Balance*. In der Regel sind diese noch einmal in 2-3 Themenfelder untergliedert (vgl. OECD k), 2018). So unterteilt OECD die Work-Life-Balance für eine empirische Erhebung in Zeit ein, die für Arbeit aufgebracht wird und Zeit, welche für Freizeitaktivitäten verwendet wird. In ihrer Gesamtheit ergibt sich eine Punktezahl auf einer Skala von 1-10, wobei 10 den Bestwert darstellt. Zum Subfaktor der Freizeit zählen auch Schlafen und Essen. Als Messstab dienen hier Minuten pro Tag. Des Weiteren erfasst die Studie abhängige Beschäftige mit sehr hohen Arbeitszeiten, wobei hiermit durchschnittlich mehr als 50 Stunden pro Woche gemeint sind.

Um eine Vergleichbarkeit zu gewährleisten und eine Kontinuität der Tatbestände aufzuzeigen, ist es von Relevanz, die erhobenen Daten der Jahre 2014-2017 in Betracht zu ziehen, um die hier relevante Analyse an der 2017 erschienen Studie durchzuführen. So betrug in der 2014 veröffentlichten *How's Life* Studie (basierend auf Daten welche, 2012 erhoben wurden) die Anzahl der abhängig Beschäftigten, deren durchschnittliche Stundenanzahl pro Woche 50 oder mehr Stunden betrug, für Dänemark 2,06%. In Island betrug sie 13,73%. Dabei standen in Dänemark durchschnittlich 16,06 Stunden Freizeit pro Tag zur Verfügung, während in Island 14,61 Stunden zur Verfügung standen. 2016 (basierend auf Daten von 2014) arbeiteten in Dänemark 2,21% über 50 Stunden pro Woche, in Island 13,79%. Dabei wurden 15,87 Stunden Freizeit für Dänemark ermittelt und für Island 14,13 Stunden. 2017 arbeiteten in Dänemark 2,2% ab 50 Stunden pro Woche und in Island 15,06%; während für Dänemark eine tägliche Freizeit von 15,87 Stunden ermittelt wurde und in Island 14,15 (vgl. OECD k), 2018). Durch die hier ersichtlichen nur geringen Veränderungen der Daten in den von der OECD veröffentlichten Berichten der Jahre 2014, 2015 und 2016, ist durch diese Kontinuität eine Vergleichbarkeit gewährleistet, sowie die Möglichkeit gegeben, die Analyse an den aktuell vorliegenden Daten der 2017 veröffentlichten Studie durchzuführen, um eine größere Aktualität zu gewährleisten. Die Daten der OECD liefern hier eine wichtige Grundlage, da die Organisation aufgrund ihres langen Bestehens, ihrer weitgefächerten Verbindungen und ihrer Forschungsressourcen (vgl. OECD i), 2018) aussagekräftige Daten erbringen kann.

4.2 Studien des DIW: Home-Office im internationalen Vergleich

Da die der hier vorliegenden Arbeit zugrunde liegende Motivation aus einem Sachstand des deutschen Bundestages über das Home-Office Gesetz in den Niederlanden stammt, bilden die darin erwähnten Berichte des Deutschen Instituts für Wirtschaft (DIW) den zweiten hier bedeutsamen Grundlagenbaustein. Die Berichte des DIW stützen sich dabei besonders auf Sekundäranalysen der Daten des Mikrozensus, sowie der des Sozio-oekonomischen Panels (SOEP) (vgl. Brenke, 2014) und verfolgen das Ziel, die Wirtschaftsentwicklung in Deutschland im Vergleich mit der Welt aufzuzeigen (vgl. Deutsches Institut für Wirtschaftsforschung e.V., 2016). Der Mikrozensus stellt dabei den deutschen Part der EU-Studie des European Labour Force Survey dar und wird auch als „kleine Volkszählung" bezeichnet. Im Rahmen der European Labour Force Survey erfassen die statistischen Ämter der teilnehmenden Staaten ein festgelegtes Bündel von Informationen anhand identischer Fragen der dazu durchgeführten Haushaltserhebungen. Die Erhebungen finden in den 28 Mitgliedsstaaten der europäischen Union statt, sowie in zwei Kandidaten-Ländern (für den Beitritt in die EU) und 3 Staaten der EFTA (European Free Trade Association) (vgl. eurostat, 2018). Während die European Labour Force Survey zum Ziel hat, international vergleichbare sozio-ökonomische Informationen per Umfrage zu gewinnen, gibt der Mikrozensus Auskunft über die Erwerbstätigkeit der deutschen Bevölkerung nach dem Wohnortkonzept (vgl. Brenke, 2014). Dies ist für die hier vorliegende Arbeit nur insofern von Bedeutung, dass die Berichte des DIW sich speziell auf Deutschland konzentrieren, um ein genaueres Bild der Erwerbstätigkeit der deutschen Bevölkerung zu zeichnen. Sie werden erweitert mit Sozialforschungsdaten des im Auftrag des DIW durchgeführten SOEPs und letztendlich mit den Daten der European Labour Force Survey verglichen.

5 Angewandte Methoden

Um das Ziel der Einflussfaktorenentdeckung sowie der Ideenimpulslieferung für die hier vorliegende Arbeit erfüllen zu können, bedarf es einer Analyse der vorgestellten DIW und OECD Studien. Diese muss jedoch, um einem wissenschaftlichen Anspruch zu genügen, so weit wie möglich regelgeleitet angegangen werden. Daher wird nun folgend die Strukturierung des dieser Arbeit zugrundeliegenden Vorgehens vorgestellt. Dazu werden die angewandten Methoden reflektiert und auf ihre Vorzüge sowie Nachteile und der möglichen Vermeidung letzterer geprüft. Es wird begründet, weshalb die vorgestellten Methoden hier Anwendung finden, welche Literatur die Analysegrundlage bildet oder erweitert und worin deren Relevanz begründet liegt.

5.1 Literatur-Review

Da die hier vorliegende Arbeit theoretischer Natur ist, bildet die Sichtung relevanter Literatur eine bedeutende Grundlage. Daher begann das hier beschriebene Forschungsvorhaben mit einer einfachen Literatur-Review. Eine Literatur-Review ist eine Methode, eine geplante Forschung zu organisieren. In der Literatur-Review wird nach Spezifizierung des Forschungsinteresses (hier die Mediatisierung der Arbeit) das Forschungsthema festgelegt (hier Home-Office in Interdependenz zur Work-Life-Balance) (vgl. Machi & McEvoy, 2016). Dadurch ist der Rahmen, der die Auswahl der Literatur vereinfachen soll, bereits grob abgesteckt. Für die Sichtung der Literatur wurden aus den Studien des DIW sowie der OECD die wichtigsten Schlagworte herausgefiltert. In den Artikeln des DIW Referenten Karl Brenke, sowie in den Statistiken der ELFS, stach besonders das Wort Home-Office hervor. Da Home-Office im Allgemeinen, sowie in den Artikeln des DIW, zum Themenfeld der Arbeit gezählt wird (vgl. Deutsches Institut für Wirtschaftsforschung, 2016), stach die Wiederholung des Wortes Arbeit auch in den OECD Studien hervor. Die Fokussierung auf die Schlagworte Home-Office, Arbeit und Work-Life-Balance diente der

Angewandte Methoden

Ausdünnung der eventuell anzuwendenden Literatur. Da die hier vorliegende Arbeit einem wissenschaftlichen Anspruch[8] unterliegt, lag der Fokus bei Sichtung der Literatur besonders auf wissenschaftlichen Fachwerken. Diese wurden zunächst im Bereich der Medienpädagogik, für welchen die hier vorliegende Arbeit verfasst ist, gesucht. Durch Verweise der in diesem Bereich verorteten Autoren innerhalb ihrer eigenen Fachwerke, weitete sich die Suche nach der relevanten Literatur auf andere Wissenschaftsbereiche aus. Bei der Sichtung dieser Literatur entstanden neue Schlagworte, die sich in Übergruppen zusammenfassen ließen oder denen neue untergeordnete Schlagworte zugeteilt werden konnten. Nach Zuordnung dieser Funde wurden Schlussfolgerungen gezogen und in Zusammenhang mit den für diese Arbeit motivationsliefernden Studien des DIW und der OECD gebracht. Dabei wurden die Prozesse der Literatursichtung, Zentrierung und Kategorisierung stetig wiederholt; stets unter Beachtung wissenschaftlicher Kritikmerkmale. Diese Merkmale beziehen sich besonders auf die Qualität der Literatur, wie beispielsweise Fachliteratur von anerkannten Wissenschaftlern und großen Verlagen, oder auf die Recherche über Datenbanken wie WISO und UBL.

Um den Erkenntnis-Wert der hier vorliegenden Arbeit zu steigern, reicht jedoch eine simple Wiedergabe der Literatur nicht aus. Daher werden folgend auch Schlüsse aus den logisch präsentierten Fakten gezogen, um die Basis für neue Hypothesen und denen eventuell folgender Forschungen zu bilden. Dies ist Teil der eigentlichen Analyse der bereits erwähnten Studien. Diese werden mit einander verglichen, deren Daten analysiert, kritisch reflektiert und mit Funden der vorangesetzten Literatur-Review in Beziehung gesetzt.

---

[8] Der verfolgte wissenschaftliche Anspruch bezieht sich in dieser Arbeit auf die Bewertungskriterien des vom Institut für Kommunikation und Medienwissenschaft im Kolloquium zur Verfügung gestellten Dokuments „Gutachten zur Bachelorarbeit". Öffentlich zugänglich ist es unter www.kmw.uni-leipzig.de/fileadmin/redaxo/Medienpädagogik/Gutachten-Bachelor-Arbeit.pdf.

5.2 Komparatistische Länderstudien

Da die forschungsleitende Fragestellung auf den eingangs erwähnten Studien basiert, deren Werte der Länder Dänemark und Island zentral für die diese Bachelorarbeit sind, erscheint somit auch die Methode einer vergleichenden Länderstudie sinnvoll. Dies liegt zum einen darin begründet, dass das Ziel der hier vorliegenden Arbeit dem Ziel einer komparatistischen Länderstudie in der Wissenschaft entspricht: „(potentielle) Kontextfaktoren zu identifizieren, welche die untersuchten Phänomene und ihre unterschiedlichen Ausprägungen erklären können" (Stark & Magin, 2012, S. 69). Der Kern solch komparatistischer Studien ist die Betrachtung der Gemeinsamkeiten und Differenzen der Untersuchungsgegenstände (vgl. Kleinsteuber, 2003, sowie Stark & Magin, 2012), welche sich in der hier vorliegenden Arbeit ausgehend von den bereits vorgestellten Studien des DIW sowie der OECD *How's Life?* Studien betrachten lassen.

Weiter lässt sich die Auswahl der zu betrachtenden Länder Dänemark und Island darin begründen, dass laut Kleinsteuber „Gegenstände, die miteinander verglichen werden, weder komplett gleichartig noch völlig unterschiedlich sein" dürfen (Kleinsteuber, 2003, S. 79). Dies ist hier gegeben. Beide Länder werden geografisch Nordeuropa zugeordnet, sind Teil des Europa- sowie des nordischen Rates und haben eine parlamentarische Demokratie zur Staatsform (vgl. Britannica, 2018) Des Weiteren lassen sich Gemeinsamkeiten in ihrer Geschichte finden, wonach Island bis 1918 Teil des dänischen Königreiches war und erst 1944 die vollständige Unabhängigkeit von Dänemark erlangte (ebd.). Dies ist insofern bedeutsam, dass neben Politik und Geografie auch die Geschichte eines Landes ein prägender Einflussfaktor auf die Kultur eines Landes ist (vgl. Rippl &Seipel, 2008). Da Kultur wiederum die Menschen eines Landes beeinflussen kann (vgl. ebd.), wird sie als Kontextfaktor hier ebenfalls Anwendung finden.

Damit soll gleichzeitig auch dem in ländervergleichenden Studien oft auftretenden Problem der Unterschätzung von historischen Kontextvariablen vorgebeugt werden. (vgl. Wirth & Kolb, 2003).

Auch haben beide Länder, obwohl sie Ähnlichkeiten in Kultur, Geografie, Politik oder Gesellschaft aufweisen, nationale Eigenheiten, die sich beispielsweise allein durch ihre räumliche Distanz ergeben (vgl. Stark& Magin, 2012 sowie Kleinsteuber, 2003). Daher existieren zwangsläufig Unterschiede; wie beispielsweise in Topografie und geografischer Höhenlage. Kleinsteubers Bedingung für eine ländervergleichende Studie ist somit erfüllt. Unterstützt wird deren Erfüllung weiterhindurch die Ausrichtung auf das *Most Similar Systems Design*. Hier wird nach Unterschieden zwischen zwei oder mehreren Ländern, die in ihrer Summe viele Gemeinsamkeiten aufweisen gesucht (vgl. Stark & Magin, 2012). Da der Ländervergleich mit Blick auf Dänemarks augenscheinlich fortschrittlicheren Entwicklungsstatus im Bereich der Work-Life-Balance erfolgt, wird hier in der Komparatistik von einer Performanzstrategie gesprochen, die darauf abzielt, Vorbildfunktionen eines Landes herauszusuchen (vgl. Kleinsteuber, 2003). Somit wird das Ziel der hier vorliegenden Arbeit einerseits methodisch bekräftigt, da durch das Most Similar Systems Design spezifisch nach Unterschieden geforscht wird, während andererseits die Performanzstrategie dem geplanten inhaltlichen Anspruch der hier vorliegenden Arbeit entspricht – der Entdeckung möglicher Verbesserungspotentiale.

Das strukturierte Vorgehen eines Ländervergleiches sieht vor, zunächst eine Einbettung in einen theoretischen Kontext vorzunehmen (vgl. Stark & Magin, 2012, S. 52). Dies ist besonders aus dem Blickwinkel der bereits erwähnten Subjektivierung von Arbeit geschehen, die eng im Kontext zu den oben beschriebenen Themengebieten der Mediatisierung und Entgrenzung von Arbeit steht. Ergänzend dazu wird die vorzunehmende Analyse aus - Silke Michalk und Peter Nieder folgend - den drei Sichtweisen der Gesellschaft, Organisation und des Individuums auf die Work-Life-Balance betrachtet (vgl. Michalk & Nieder, 2007). Dies dient der Einordnung der zu erhebenden Ergebnisse und einer besseren Kategorisierung. Der eigentliche Ländervergleich erfolgt mittels Sekundäranalyse.

5.3 Sekundäranalyse

Die Sekundäranalyse befasst sich mit der Nutzung bereits vorhandener Daten und trägt somit den Vorteil einer Verringerung der Zeit-, Kosten- und Aufwandsfaktoren einer Neuerhebung. Auch ermöglicht die Sekundäranalyse ein größeres Maß an Flexibilität, da hier eine spezifische Verfahrensweise nicht existiert. Dadurch ist es möglich, „verschiedene Datensätze, Datenquellen und Datentypen flexibel zu kombinieren" (Medjedović, 2014, S. 26). Im Groben wird bereits existierendes Forschungsmaterial reanalysiert, neu bearbeitet und mit aktuelleren Daten verglichen (vgl. Corti, Witzel & Bishop, 2005). Dabei ist der Kontext einer solchen Reanalyse von hoher Bedeutung (vgl. ebd.) welcher hier durch die Forschungsfrage („Welche Faktoren tragen zu einer gelungenen Work-Life-Balance bei Teleheimarbeit bei?") gebildet wird.

Besonders durch ihre Flexibilität findet die Sekundäranalyse in der hier vorliegenden Arbeit Anwendung. Dies ist vor allem darin begründet, dass innerhalb der Komparatistik der Faktor der Kultur oftmals vernachlässigt wird (vgl. Wirth & Kolb, 2003). Auch unterliegt diese Arbeit dem Anspruch, neue Impulse für weitere Forschungen zu liefern in Gebieten, in denen bisher nur wenig nach Einflussfaktoren auf eine Work-Life-Balance geforscht wurde. Die fehlende Standardisierung der Sekundäranalyse bedingt jedoch ein höheres Risiko bezüglich Genauigkeit und Repräsentativität, was durch die Tatsache, dass es sekundäranalytischen Daten an Aktualität mangelt, noch verstärkt wird. Auch ist es nicht immer möglich, auf die benötigten Daten tatsächlich zurückgreifen zu können, oder aber es könnten Angaben zur Vorgehensweise der Datenerhebung fehlen. Die Analyse der hier vorliegenden Arbeit wird daher auch unter diesen Aspekten kritisch reflektiert.

6 Dänemark und Island im Vergleich: die Suche nach gemeinsamen Unterschieden

Wie bereits erwähnt kann die Arbeitsform des Home-Office eine gesteigerte Flexibilität liefern und im Zuge dessen auch die Möglichkeit, die psychologische als auch physische Gesundheit zu fördern. Aus diesem Grund liegt der Fokus der hier vorliegenden Analyse auf der Verbesserung der Work-Life-Balance aus Sicht der Arbeitnehmer. Dabei sollen neben den potentiellen Einflussfaktoren auch die damit zusammenhängenden Selbstkompetenzen oder auch benötigte Medienkompetenzen angesprochen werden. Gleichzeitig werden auch Vorschläge für die Verstärkung dieser eventuellen Einflussfaktoren gebracht, sowie Argumente für die Arbeitnehmer, solche Maßnahmen zu implementieren.

Da die Methodik des Ländervergleiches mit Ausrichtung auf eine Performanzstrategie vorgibt, dass die Länder möglichst viele Ähnlichkeiten aufweisen sollen und dann nach einzelnen Unterschieden zwischen ihnen gesucht wird, soll dies hier so ebenfalls erfolgen. Gemeinsam ist den beiden Ländern eine insgesamt sehr positiv auffallende Bewertung in der *How's Life?* Studie 2017, als auch in denen der vorherigen Jahre. So schreibt OECD sowohl Island als auch Dänemark gute bis sehr gute Leistungen in vielen der von OECD untersuchten Well-Being-Feldern zu (vgl. OECD e), 2017). Der einzige Wert, der bei Dänemark unter 5 Punkten liegt, ist der des Einkommens (4,8 Punkte) (vgl. OECD c), 2018). Island hat hierin mit 4,7 Punkten einen ähnlich niedrigen Wert (vgl. OECD d), 2018). Auch abseits der Studien weisen, wie bereits erwähnt, die nordischen Länder Dänemark und Island augenscheinlich viele Gemeinsamkeiten auf. Ein offensichtlicher Unterschied lässt sich jedoch vor allem in ihrer geografischen Lage finden. Island ist eine Insel, während Dänemark eine Landbrückenverbindung zu Deutschland hat. Island ist größer und dünner besiedelt (8,4 Personen pro km^2 bei einer Gesamtgröße von 103,022 km^2 (vgl. Kristinsson, Mathhíasson & Karlsson, 2018) als Dänemark (348,1 Personen pro km^2 bei einer Gesamtgröße von 42,916 km^2 (vgl. Folke, Linton,

Nokkentved, Anderson & Anderson). Die geografische Lage und Topografie eines Landes bestimmen wiederum meteorologische Rahmenbedingungen (vgl. Evers, 2017). Meteorologische Rahmenbedingungen können Auswirkungen auf das psychologische und physische Wohlbefinden eines Menschen haben (vgl. Denissen, Butalid, Penke & van Aken, 2008). Und auch Erwerbstätigkeit kann solche Auswirkungen auf den Arbeitnehmer erzielen (vgl. Michalk & Nieder, 2007). Da eine ausgeglichene Work-Life-Balance wiederum auf die Limitierung negativer und die Verstärkung positiver Auswirkungen auf Psyche und Physik zielt, soll die Meteorologie eines Landes auf ihr Einflusspotential auf eine Work-Life-Balance untersucht werden. Dies liegt unter anderem darin begründet, dass sich bisher keine Studie augenscheinlich hervortat, meteorologische Rahmenbedingungen als potentielle Einflussfaktoren auf eine Work-Life-Balance zu untersuchen. Des Weiteren verfolgt die hier vorliegende Arbeit das Ziel, neue Impulse und Ideen für die Erforschung von Einflussfaktoren auf die WLB zu liefern – besonders mit Blick auf Gebiete, die bisher nicht in den direkten Zusammenhang gebracht wurden.

6.1 Differenzen in Meteorologie und Work-Life-Balance Bewertungen

Die meteorologischen Bedingungen der Länder sollen auch deshalb hier auf ihr Einflusspotential untersucht werden, da sich allein bei Betrachtung der OECD Studienergebnisse der Zeitaufteilung pro Person die Frage ergibt, wie jeweils die Dänen als auch die Isländer ihre Freizeit verbringen. Wird eine Studie der kanadischen Geografie Professoren Jamie E. L. Spinney und Hugh Millward über den Einfluss meteorologischer Bedingungen auf die Freizeitgestaltung hinzugezogen und gleichzeitig betrachtet, dass Isländer im Vergleich zu den Dänen durchschnittlich mehr Zeit für Arbeit und weniger Zeit für ihr Privatleben aufbringen (vgl. OECD h), 2017) und mehr Niederschlag als auch tiefere Temperaturen in Island vorherrschen (vgl. Kristinsson, Mathhíasson & Karlsson, 2018), so kann hier ein Zusammenhang vermutet werden.

Die Studie der beiden Forscher Spinney und Millward untersuchte im Konkreten die Einflüsse von Wetterbedingungen auf Freizeitaktivitäten pro Tag, unter einem speziellen Fokus auf sportliche Aktivitäten. Die darin erhobenen Ergebnisse „indicate that inclement and uncomfortable weather conditions, especially relating to thermal comfort and mechanical comfort, pose barriers to physically active leisure engagement" (Spinney & Millward, 2011, S. 132). Bewegung ist jedoch ein wichtiger Teil des psychischen als auch physischen Wohlbefindens und ihre Reduzierung wird stetig zu einem wachsenden Gesellschaftsproblem (World Health Organization, 2018). So ist Europa am stärksten von den negativen Folgen physischer Inaktivität betroffen, welche unter anderem Übergewicht, Fettleibigkeit, Diabetes, Herzkrankheiten, Stress, Depressionen und Angstzustände beinhalten (vgl. World Health Organization, 2015). So gibt die größte Gesundheitsorganisation World Health Organisation jährlich Empfehlungen aus, um das Wohlbefinden der Menschen zu steigern und auch um die damit verbundenen Gesundheitskosten der Länder zu senken. Dieser Fakt ist hier insofern wichtig, da auch Unternehmen unter dem Kostenfaktor zu einer Beachtung des Wohlbefindens ihrer Mitarbeiter angeregt werden könnten. Des Weiteren, wie bereits in Kapitel 2.7.dieser Arbeit erwähnt, sind gesundheitsfördernde Konzepte bereits ein wichtiger Bestandteil der heutigen Arbeitswelt (vgl. Michalk& Nieder, 2007) und könnten, wie folgend beschrieben, ausgebaut werden.

6.1.1 Freizeitgestaltungsmöglichkeiten unter meteorologischen Rahmenbedingungen

Zeit ist ein Faktor, der Auswirkungen auf den Anteil an Bewegung im Tagesablauf hat (vgl. World Health Organization, 2015). Unter diesem Anhaltspunkt und mit Blick auf das geringere Freizeitpensum der Isländer im Vergleich zu dem der Dänen(wie auch bereits in Kapitel 3.1. dieser Arbeit ausführlich beschrieben), kann auch hier ein Zusammenhang vermutet werden. Dennoch bietet die Arbeitsform des Home-Office durch ihre flexible Zeiteinteilung in der Theorie die Möglichkeit, gesundheitsfördernde Maßnahmen, die auf das eigene physische als auch psychische Wohl zielen (bspw. Sport oder Meditation), in den Tagesablauf optimal zu implementieren. Andererseits entfällt durch die lokale Trennung beispielsweise der Arbeitsweg und somit die damit verbundene Bewegung (wie Treppensteigen, Wege von bspw. Der Bushaltestelle zum Arbeitsplatz, etc.). Daher stellt sich die Frage, welchen Anteil körperliche Betätigung an einer guten Work-Life-Balance trägt.

Durch diese Überlegungen als auch Zusammenhänge von meteorologischen Einflussfaktoren auf die eigene Freizeitgestaltung, den vorherrschenden meteorologischen Bedingungen in den beiden Ländern sowie der von OECD untersuchten Zeitaufteilung in den Ländern Island und Dänemark, soll hier die folgende Hypothese aufgestellt werden: **Je vielfältiger die Möglichkeiten zur Freizeitgestaltung, desto ausgeglichener die Work-Life-Balance.** Diese allgemein formulierte Hypothese bezieht sich jedoch nicht nur auf die Meteorologie eines Landes, da noch weitere Faktoren die Freizeitgestaltung beeinflussen können. Die Meteorologie als Analysepunkt soll in der hier vorliegenden Arbeit jedoch als Hilfsmittel zur Eröffnung dieses Untersuchungsfeldes der Freizeitgestaltungsmöglichkeiten dienen. Spinney und Millward folgend soll dabei auch der Blick auf sportliche Aktivitäten, als auch speziell auf Bewegung draußen, gelegt werden.

Die Verbesserung des eigenen Wohlbefindens könnte sich in der Theorie auch auf die emotionale Ebene der Work-Life-Balance auswirken. Sport steigert das Behagen, beugt Depressionen vor, baut den Stress ab, der durch Arbeit entstehen kann (besonders durch Mehrarbeit als negative Folge des Home-Office) und sorgt für Ausgeglichenheit (vgl. Thompson, Boddy, Stein, Whear, Barton & Depledge, 2011) – eine Balance. Dies ist Thompson et. al zufolge besonders bei sportlichen Aktivitäten im Freien der Fall. In deren Studie „Does participating in physical activity in outdoor natural environments have a greater effect on physical and mental wellbeing than physical activity indoors?" unternahmen die Studienteilnehmer zwei Mal pro Tag sportliche Aktivitäten, während ein Mal davon draußen verübt wurde. Die meisten Teilnehmer zeigten dabei nach der Bewegung im Freien Verbesserungen im mentalen Wohlbefinden und eine verminderte Anspannung: „Compared with exercising indoors, exercising in natural environments was associated with greater feelings of revitalization and positive engagement, decreases in tension, confusion, anger, and depression, and increased energy" (Thompson et. al, 2011). Werden diese Studienergebnisse im Vergleich zu denen der sich mit der Meteorologie befassenden Studie von Spinney und Millward betrachtet, sowie die Tatsache, dass die Niederschlagsraten in Island höher und die Work-Life-Balance Bewertungen im Vergleich zu Dänemark geringer sind, erscheint eine Untersuchung des Bewegungspensums isländischer als auch dänischer Home-Office Anwender mit Blick auf meteorologische Gegebenheiten sinnvoll. Natürlich obliegt es jedem Arbeitnehmer selbst, ob oder wie er sich um die eigene Gesundheit kümmert, daher kann hier nur von Idealszenarien ausgegangen werden, die mit den oben genannten Vorteilen in Verbindung stehen.

Ein Indiz dafür, weshalb die Untersuchung von meteorologischen Rahmenbedingungen als Einflussfaktoren auf körperliche Aktivität – welche wiederum Einflussfaktoren auf die Work-Life-Balance darstellen könnten – wichtig erscheint, liefern die Zahlen der WHO und OECD. So zeigten bereits die ersten Länderberichte der WHO, die den Fokus auf Ernährung, physische Aktivität und Übergewichtsraten legten, dass Island einen größeren Anteil an Übergewichtigen als auch an Fettleibigen (65,1% und 24,4%) aufweist, als Dänemark (57,8% und 18,7%) (vgl. World Health Organization, 2013). Auch 2016 sah dies nicht anders aus (vgl. World Health Organization, 2017); wobei in Island der Anteil an Fettleibigen 21,9% betrug, während 19,7% der über 18jährigen Dänen einen BMI von über 30 hatten (vgl. World Health Organization, 2017). Die WHO empfiehlt 30 Minuten Bewegung pro Tag; ein Minimum, das viele nicht erfüllen (vgl. World Health Organization, 2015). Hier kann eine Verbindung zu den geringeren Freizeitanteilen in Island, als auch zu den als „schlechter" zu bewertenden meteorologischen Daten Islands gezogen werden. So kommen auch in Anbetracht der Hypothese verschiedene Fragen auf: Treiben die Dänen mehr Sport bzw. sind die Dänen körperlich aktiver? Sind die Dänen aktiver, weil ihre Umgebung dazu mehr Möglichkeiten liefert? Priorisieren die Dänen gewisse Freizeitaktivitäten, die zu einer zeitigeren Beendigung des Arbeitstages führen? Fördert all dies die Work-Life-Balance?

6.1.2 Überprüfung der ersten Hypothese

Durch die oben dargelegten Überlegungen zeichnet sich ab, dass die Hypothese („Je vielfältiger die Möglichkeiten zur Freizeitgestaltung, desto ausgeglichener die Work-Life-Balance") von mehreren Seiten betrachtet werden kann. Um sich diesen Fragen und Vermutungen zu nähern, müssen für einen Ländervergleich diverse Parameter festgelegt werden. So stellt sich die Frage, was genau verglichen werden soll und auf welche Weise. In der hier vorliegenden Arbeit besteht zunächst primär das Interesse an Erkenntnissen darüber, wie dänische Home-Office-Anwender ihre Freizeit im Vergleich zu den Isländern gestalten.

6.1.2.1 Methodisches Vorgehen

Nachdem in Kapitel 2 bereits ausführlich die Gründe für den hier vorgenommenen Ländervergleich dargelegt wurden und in diesem Kapitel eine Hypothese formuliert wurde, erfolgen nun spezifische Überlegungen zur Überprüfung dieser. Für eine komparatistische Länderstudie in der Praxis müssen zunächst Überlegungen zur Datenauswahl sowie deren Vergleichbarkeit, als auch zum Untersuchungszeitraum erfolgen. Um diese Daten auch erheben zu können, ist ebenfalls die Festlegung der Methode notwendig, anhand derer die Daten analysiert und ausgewertet werden können. Auch sollten bereits vor Beginn des Ländervergleiches Überlegungen zu Rahmenbedingungen der Projektumsetzung, wie beispielsweise zur Forscherhierarchie in Kollaborationsteams, der Projektdauer, der Projektfinanzierung oder auch die Festlegung von Zeitpunkten erfolgen, die zur Diskussion bisheriger Ergebnisse genutzt werden. Nach der Datenerhebung als auch -auswertung erfolgt die Reflektion zum Erkenntnispotential, in der die Analyseergebnisse bewertet, eingeordnet, verwertet und dokumentiert werden.

Das Ziel der Faktorenentdeckung in der hier vorliegenden Arbeit liegt auf dem Nutzen für die Home-Office anwendenden Subjekte. Damit rücken diese in den Fokus des Forschungsprozesses. Da der Tagesablauf der sich im Home-Office befindenden Arbeitnehmer von großem Interesse ist, bietet sich die Tagebuchmethode zur Nachzeichnung dieser an. Diese schriftliche Form der Befragung kann während des Nutzungsvorgangs erfolgen, wodurch die üblichen Probleme der Befragung minimiert werden können; wie beispielsweise Störfaktoren, die sich aus der sozialen Situation ergeben können (vgl. Möhring & Schlütz, 2010). So wird bei der Face-to-Face Befragung versucht, „Kommunikation durch Kommunikation zu messen" (Möhring & Schlütz, 2010, S. 16). Allein anhand der Formulierungen des Interviewers kann der Interviewte beeinflusst werden. Und auch das Problem der sozialen Erwünschtheit existiert in der Kommunikation von Angesicht zu Angesicht; beispielsweise bei kontroversen und sensiblen Themen. Hierunter wird die „Neigung von Befragten, ihre Antworten danach auszurichten, was innerhalb des normativen Systems ihrer Bezugswelt als sozial anerkannt und erwünscht gilt, wodurch der „wahre Wert" verzerrt wird" (Möhring & Schlütz, 2010, S. 61) verstanden. Des Weiteren wird bei anderen Formen der Befragung (wie Fragebogen, Telefoninterview oder das persönliche Interview) von den Befragten eine große Abstraktions- und Erinnerungsleistung verlangt; bei der Tagebuchstudie können bei aktiver Mitarbeit der Befragten persönliche Einstellungen, Verhaltensweisen, Motive und emotional Zustände mit einfließen (vgl. ebd.). Durch Wegfall der Kommunikation von Angesicht zu Angesicht können die Problemfallen der sozialen Situation ausgeschaltet werden, während auch die soziale Erwünschtheit durch die gesteigerte Anonymität der schriftlichen Befragung als Risikofaktor minimiert wird (vgl. ebd.).

Allerdings existieren auch bei der Tagebuchbefragung Gefahren und unerwünschte Effekte, die auch in der allgemeinen Befragung auftreten können. So kann es zu Antwortverweigerungen kommen, welche Einfluss auf die Ergebnisauswertungen haben. Allein durch unregelmäßiges Ausfüllen des Tagebuches kann der „wahre Wert" auch hier verzerrt werden. Typisch für eine Tagebuchstudie ist die „Rekonstruktion des Tagesablaufs in Viertelstunden-Schritten" (vgl. Möhring & Schlütz, 2010, S. 158). Für die Überprüfung der Hypothese können so möglichst genau die einzelnen Aktivitäten erfasst werden. Der Fokus liegt hier auf der Zeit, die für Arbeit angewandt wird und auf der Zeit, die für Freizeit angewandt wird. Dann stellt sich die Frage, wie diese Freizeit gefüllt wird. Lassen sich hier Schwerpunkte finden, die durch ein hohes Pensum bei verschiedenen Befragten als typisch pro Land kategorisiert werden können?

Da das Forschungsfeld durch den Blick auf Meteorologie eröffnet werden soll, sollten spezifisch in dieser Richtung in den Tagebüchern auch Angaben zu den Wetterbedingungen erfolgen, sowie die Angabe von Gründen weshalb eine gewisse Tätigkeit gerade vollzogen wurde. Des Weiteren kann aus diesen Tagebüchern ersichtlich werden, welche Zeitmanagementstrategien die einzelnen Befragten jeweils verfolgen und ob sich für Dänemark als auch Island typische Muster dieser abzeichnen. So kann – mit Hilfe weiterer Befragungen – weiterhin ermittelt werden, ob in einem Land gewisse Selbstmanagementkompetenzen ausgeprägter sind, als andere; für welche wiederum verschiedene potentielle Einflussfaktoren (wie beispielsweise Lehr- und Erziehungsmuster) existieren und erforscht werden könnten.

6.1.2.2 Medien- und Selbstkompetenzen

Können aus der Tagebuchstudie heraus relevante und einen Ausgleich fördernde Aktivitäten gefunden werden, so existieren für Gesellschaft, Organisation und Individuum verschiedene Handlungsoptionen. Mit Blick auf die Gesellschaft als umfassende Instanz ist vor allem die Rolle als Informationsgeber von hoher Bedeutung. Dies ist – unter Betrachtung des Bewegungsaspekts – einerseits bereits an den Handlungsempfehlungen der WHO ersichtlich, als auch an den einzelnen Kampagnen der Länder, die auf die Bedeutung von Bewegung und einer Work-Life-Balance hinweisen. Im Kontext dieser Arbeit liegt der Fokus jedoch auf der Balance zwischen Arbeit und Privatleben, an deren Schnittstelle sich besonders das arbeitende Individuum befindet als auch die hinter ihm stehende Organisation; in diesem Fall der Arbeitgeber.

Äußere Rahmenbedingungen, wie beispielsweise das Wetter können kaum durch Handlungsmaßnahmen beeinflusst werden, es ist jedoch möglich, die Motivation der Arbeitnehmer zu einem erhöhten Bewegungspensum so zu steigern, dass sie trotz meteorologischer Barrieren aktiver handeln. Daher kann in diesem Kontext die Organisation (bzw. die Betriebe) einerseits die Rolle der Gesellschaft als Informationsgeber übernehmen, andererseits auch als aktiver Beeinflusser. So hat sich seit einigen Jahren in der Medienpädagogik die Gamifikationsstrategie (folgend auch Spielifizierungsstrategie genannt) etabliert, welche auch immer häufiger in der Lehre als Instrument zur Motivations- und Erfolgssteigerung eingesetzt wird (vgl. Fuchs, Fizek, Ruffino & Schrape, 2014). Die Gamifikationsstrategie zielt dabei mit der Anwendung spieltypischer Elemente – wie beispielsweise Erfahrungspunkte, Highscores, Ranglisten und Auszeichnungen – auf die psychologischen Triebe des Wettbewerbs im Menschen und belohnt Erfolge mit positivem Feedback (vgl. ebd.).

Dieser Wettbewerbsdrang ist in der Psychologie vor allem in Sport und Spiel zu betrachten, wird innerhalb der Spielifizierung jedoch auch in spielfremden Kontexten, wie beispielsweise in der Marktwirtschaft (Apps mit Gamifikationselementen um die Kundenbindung zu steigern),angewandt (vgl. ebd.). Speziell im Kontext dieser Arbeit kann die Gamifikationstrategie auch zur Erreichung des Zieles der Bewegungssteigerung eingesetzt werden. Voraussetzung ist dabei die Identifizierung des Bewegungspensums als einen die Work-Life-Balance beeinflussender Faktor. Als konkreter Lösungsvorschlag könnten Fitnesstracker-Apps implementiert werden, die die Bewegungserfolge der Mitarbeiter mit Punkten belohnen oder gar mit anderen Anregungen, wie einem finanziellen Bonus, für das Erreichen bestimmter Level. Dadurch könnten zunächst die sich im Home-Office befindlichen Mitarbeiter dazu angeregt werden, ihr

Bewegungspensum zu steigern. Laut der amerikanischen Studie „Mobile Exercise Apps and Increased Leisure Time Exercise Activity" sind ca. drei Viertel der Fitnessapp-Nutzer aktiver als Nicht- oder ehemalige Nutzer. Sie können damit ihr gesundheitliches Wohlbefinden steigern (vgl. Litman, Rosen, Spierer, Weinberger-Litman, Goldschein & Robinson, 2015). Existiert ein Zusammenhang zwischen gesteigerter körperlicher Aktivität und der Verbesserung der persönlichen Work-Life-Balance, so könnte die Anwendung einer Fitnessapp für Nicht-Anwender als auch Anwender der alternierenden Teleheimarbeit eine förderliche Maßnahme sein.

Zur Erreichung optimaler Erfolge genügt jedoch die simple Anwendung solcher Apps nicht. Medienpädagogische Konzepte, die einen bewussten Umgang mit den Einflüssen der Gamifikationseffekte sicherstellen, müssen ebenfalls entwickelt werden. Dabei würden in diesem Kontext die nach Schorb definierten Medienkompetenzen erforderlich werden. Im Bereich des Medienwissens dahingehend, dass den nutzenden Arbeitnehmern bewusst ist, welche Ziele sie unter Anwendung der App erreichen können. Hier sollte, nach einem Medienkompetenzkonzept zusätzlich zur Einführung der App, den Mitarbeitern erklärt werden, wie die App das Ziel der Bewegungssteigerung verfolgt und kontrolliert. Daraus folgend kann den Mitarbeitern die Wahl der App-Anwendung gestellt werden. Hat der Mitarbeiter erst einmal das zum Medienhandeln nötige Wissen, so kann er dieses kritisch bewerten und somit eine Medienbewertung durchführen. Dem folgend ist der Arbeitnehmer vorbereitet, die App auch praktisch anzuwenden. Der Vorteil, der sich aus dem Medienwissen ergibt, liegt darin, dass – da die Ansprache des menschlichen Wettbewerbsinstinktes, welche mit der Gamifikationstrategie verfolgt wird, sowohl Vor- als auch Nachteil ist (vgl. Mummendey, 1984) – eben dieser Nachteil erkannt werden und ihm vorgebeugt werden kann. Obwohl in der Theorie die Motivation der persönlichen Zielverfolgung gesteigert werden kann, so muss auch das Umfeld der Arbeitswelt in die Betrachtung mit einbezogen werden. So kann ein Wettbewerb einerseits durch gesteigerte Motivationen und Anstrengungen förderlich sein, er bringt jedoch auch eine Reihe

Nachteile und Gefahren mit sich. Daher werden nicht nur Medienkompetenzen benötigt, sondern auch umfassendere Selbstkompetenzen. Die Einbettung von Erwerbstätigkeiten erfordert Zeitmanagementkompetenzen im Home-Office. Während die Anwendung bewegungsfördernder Apps zwar für einen gewissen Zeitraum (je nach persönlicher Einstellung und tatsächlicher Anwendungszeit) die Nutzung der privaten Zeit fördern kann, so muss auch die zeitliche Anwendung eben dieser App in den eigenen Tagesablauf integriert werden. Auch kann die Anwendung der Gamifikationstrategie unter einer intern im Unternehmen ersichtlichen Wettbewerbsplatzierung psychologisch ebenso Druck aufbauen, wie auch die Anwendung der Arbeitsform des Home-Office selbst. So besteht darin einerseits die Gefahr, die fehlende physische Präsenz im Unternehmen durch Mehrarbeit ausgleichen zu wollen und andererseits kann dieser psychologische Druck ebenfalls durch eine niedrige Platzierung im internen Bewegungswettbewerb entstehen.

Ein weiterer Nachteil dieses Lösungsvorschlages könnte auch der Kostenfaktor sein, da eine solche App, die den jeweiligen Zielen des Unternehmens für die eigenen Mitarbeiter entspricht, entweder von einem Unternehmen selbst kreiert, oder von einem anderen Hersteller eingekauft werden müsste. Recherche, das dazugehörige Equipment (wie beispielsweise Fitnesstracker - Armbänder) und das Bewerben innerhalb der Firma für die Nutzung und die Bewegungsmotivationen selbst, treiben die Kosten in die Höhe – ein Faktor, der die Anwendung dieses Lösungsvorschlages in einigen Unternehmen erschweren könnte. Erkennen Unternehmen jedoch die Vorteile einer Investition in die Gesundheit ihrer Mitarbeiter, könnten sie damit Kosten sparen (vgl. Michalk & Nieder, 2007) und somit eher zur aktiven Verbesserung ihrer Angestellten angeregt werden. Laut der „Mobile Exercise Apps and Increased Leisure Time Exercise Activity" Studie (vgl. Litman et. al, 2015) stieg unter Anwendung von Fitness-Apps das Bewegungspensum der Anwender nicht nur im privaten Bereich an, sondern wurde auch in anderen Lebensbereichen (wie das Treppensteigen auf Arbeit statt der Fahrstuhlbenutzung unter

Anwendung von Schrittzählern) registriert (vgl. ebd.). Damit eignet sich ein solches Konzept zur Bewegungssteigerung für alle Mitarbeiter und nicht nur derer, die die alternierende Teleheimarbeit in Anspruch nehmen. Dies betont erneut den Vorteil der Kosteneinsparung; beispielsweise durch Mengenrabatte und bei Anwendung auch durch die gesteigerte Gesundheit und die möglicherweise daraus folgenden reduzierten Fehlzeiten und Ausfällen einer größeren Zahl von Mitarbeitern.

Da diese Überlegungen aus dem Vergleich zwischen Dänemark und Island stammen, kann eine Überprüfung dieses Lösungsvorschlages zunächst dort erfolgen. Lassen sich Zusammenhänge finden – beispielsweise, dass das Bewegungspensum in Island steigt und bei einer erneuten Befragung über das Work-Life-Balance Empfinden höhere Bewertungen vorliegen – so kann dies auch in anderen Ländern (bspw. Deutschland) implementiert werden.

Wie durch die Offenheit der Hypothese bereits suggeriert, existieren neben meteorologischen Bedingungen jedoch noch weitere potentielle Einflussfaktoren für die Existenz von Freizeitmöglichkeiten. Denn – wie eingangs bereits erwähnt – Dänemark ist ein führendes Land in der Glücksforschung und als solches gut erforscht (vgl. Wiking, 2016, sowie Booth, 2014). So wird dem in diesem Forschungszweig als Vorbild ernannten Land Dänemark oft zugeschrieben, ein besonders gutes soziales Netzwerk zu haben und soziale politische Maßnahmen zu exekutieren (vgl. Booth, 2014, sowie Wiking, 2016). Da besonders aus der Form des Home-Office der Nachteil der sozialen Isolation erwächst (vgl. Michalk & Nieder, 2007), ist dieser Aspekt hier ebenfalls betrachtenswert.

6.2 Die Bedeutung von Sozial- und Zeitmanagementkompetenzen in der optimalen Work-Life-Balance-Gestaltung

Soziale Isolation und Überarbeitung sind zwei schwerwiegende Gefahren der alternierenden Teleheimarbeit (vgl. Kleemann, 2005; sowie Michalk & Nieder, 2007). Die Risiken der sozialen Isolation durch das Fernbleiben des eigentlichen Arbeitsortes können in vielfältiger Art und Weise existieren (vgl. Michalk & Nieder, 2007). So besteht dieses Risiko nicht nur im direkten Umfeld oder Privatleben des Home-Office-Anwenders, sondern die Kommunikation zu Kollegen als auch Vorgesetzten kann ebenfalls verringert werden und damit Bedeutungs- und Einflussverluste mit sich bringen (vgl. Michalk & Nieder, 2007). Durch das nicht-vor-Ort-sein des Arbeitnehmers entfallen persönliche Gespräche, wie kurze Nachfragen oder Kaffeepausen mit den Kollegen oder gar das simple Begrüßen des Chefs. Die fehlende Präsenz kann zu psychologischen Druck, diese in Form von Mehrarbeit ausgleichen zu müssen, führen (vgl. Roth-Ebner, 2015).Eine fehlende Face-to-Face Kommunikation kann ebenfalls Qualitätseinbußen der Kommunikation mit sich führen (vgl. Michalk & Nieder, 2007), welche wiederum bei entstandenen Problemen und Fehlern eine Korrektur in Form von zusätzlicher Arbeit zwingend erforderlich macht. Für den einzelnen Mitarbeiter sind daher Selbstkompetenzen in den Feldern des Zeitmanagements als auch der Sozialorganisation gefragt. Auch diese stehen im Zusammenhang zur persönlichen Freizeitgestaltung und sollten in der Forschung durch Untersuchung der Selbstorganisation der einzelnen Subjekte evaluiert werden. Mit Blick auf Meteorologie und persönliche Biorhythmen (die die Zeitgestaltung beeinflussen) könnte ebenfalls erforscht werden, wann isländische und wann dänische HO Anwender sich ihren Aufgaben der Erwerbstätigkeit widmen. Beispielsweise ist es durch die geringeren Sonnenstunden (vgl. Kristinsson, Matthíasson & Karlsson, 2018) möglich, dass Isländer überwiegend andere Biorhythmen haben, denen sie im Home-Office außerhalb der konventionellen Arbeitszeiten in der eigentlichen Betriebsstätte nachgehen können; was wiederum

Auswirkungen auf die Gestaltung ihres Privat- und insbesondere Soziallebens haben kann. Ebenfalls könnten die oben erwähnten meteorologischen Gegebenheiten unter anderem auch dazu führen, dass Home-Office in Island häufiger angewandt wird und dass des Weiteren ein Zusammenhang zwischen der Häufigkeit der Inanspruchnahme des Home-Office und der Work-Life-Balance besteht. In diesem Zuge ist es von besonderer Bedeutung, zunächst zu evaluieren, wie oft durchschnittlich die Dänen als auch die isländischen HO Anwender im Home-Office tätig sind.

Durch die Beschaffenheit der Arbeitsform des Home-Office kann sie die bereits genannten Freiräume bieten, die die Work-Life-Balance steigern können. Gleichzeitig trägt diese Arbeitsform jedoch Nachteile, die eine Work-Life-Balance wiederum senken können. Daher liegt bei diesen Überlegungen im Vergleich die Vermutung nahe, dass ein durchschnittliches Optimum in der Anwendung der alternierenden Teleheimarbeit existieren könnte. Somit kann die folgende Annahme formuliert werden: Je höher die Arbeitszeit im Home-Office über dem Optimum (von X Stunden pro Woche) liegt, desto höher die Gefahr einer geringeren Work-Life-Balance.

Da Island und Dänemark hier im Vergleich betrachtet werden, muss zur Untermauerung dieser Annahme zunächst geschaut werden, wie oft dänische als auch isländische Home-Office Anwender pro Woche, Monat und Jahr, tatsächlich von zu Hause aus arbeiten und wie viele Stunden sie für Erwerbstätigkeiten pro Tag im Home-Office als auch in der eigentlichen Betriebsstätte anwenden. Auch dies kann erneut anhand der Tagebuchmethode durchgeführt werden und trägt somit den Vorteil, beide Annahmen in einem Projekt überprüfen zu können. Aus den erhobenen Daten können dann Durchschnittszeiten ermittelt werden. Da Dänemark die in der OECD am höchsten bewertete Work-Life-Balance hat, kann dessen durchschnittlich verbrachte Zeit im Home-Office als Richtwert genommen werden, der dann in einem Forschungsprojekt durch Anwendung in anderen Ländern auf seine Allgemeingültigkeit überprüft werden muss. Ziel davon ist, zu ermitteln, bis zu welchem Zeitmaß die Vorteile alternierender Teleheimarbeit (wie beispielsweise Planungsfreiheit und Nutzung der privaten Zeit im Sinne einer optimalen Work-Life-Balance) überwiegen und ab welchem Zeitmaß die Qualität der Work-Life-Balance durch die sich aus dem Home-Office ergebenden Nachteile (wie Situationen die zur stetigen Steigerung des psychologischen Drucks und deren Konsequenzen führen) wieder sinkt. Kann hier ein durchschnittliches Optimum von XX Stunden tatsächlich festgesetzt werden, so ist in erster Linie erneut der Ausbau von persönlichen Zeitmanagementkompetenzen notwendig.

Die Festsetzung zeitlicher Grenzen sollte auch hier nicht nur Aufgabe des Arbeitnehmers, sondern auch der arbeitgebenden Organisation sein. Die Gesellschaft und deren Institutionen können hier ebenfalls, wie bereits am Beispiel der WHO ersichtlich, in der Rolle des Informationsgebers agieren. Vermitteltes Wissen kann die Basis für Überlegungen und Aktionen liefern. Dabei ist in der Soziologie als auch Psychologie bekannt: je größer das Kollektiv an Ausführenden einer bestimmten Tätigkeit ist, desto mehr etablieren sich Routinen (vgl. Mummendey, 1984). Diese wiederum können, bei Ausübung über längere Zeiträume, Bestandteil einer (Arbeits-)Kultur werden, welche wiederum Stellenwerte bestimmter Aktionen und Lebensbereiche beeinflusst (vgl. ebd.). Daher könnten im Kontext dieser Arbeit auch geschichtliche und kulturelle Faktoren eine Rolle spielen.

6.3 Landesspezifischer Stellenwert der Work-Life-Balance und finanzielle Unsicherheiten

Die OECD Studienergebnisse geben weitere Aufschlüsse über diverse potentielle Faktoren. Allein der Stellenwert den eine Work-Life-Balance in den jeweiligen Ländern hat, unterscheidet sich in Dänemark und Island. So hat die Work-Life-Balance für die Dänen in den von der OECD erfragten Feldern die oberste Priorität, während *Life Satisfaction* auf Platz 2, *Health* auf Platz 3 und *Education* auf Platz 4 ist. In Island ist die Topplatzierung mit dem Punkt *Health* belegt, der sich *Safety* auf Platz 2, *Education* auf

Platz 3 und *Housing* auf Platz 4 anschließen (vgl. OECD g), 2017). Dabei könnte Islands Prioritätenranking (besonders in den Bereichen *Housing* und *Safety*) auf Islands Finanzkrise von 2008-2011 fußen, wobei sich somit über einen längeren Zeitraum neue Routinen (im Sinne der Priorisierung) gebildet haben könnten. In dieser Krise brachen alle drei Geschäftsbanken Islands zusammen. Zwar traf die globale Finanzkrise, die durch die Insolvenzankündigung der amerikanischen Bank Lehman Brothers ausgelöst wurde, auch Dänemark, doch der Zusammenbruch der drei großen isländischen Geschäftsbanken hatte im Vergleich zur Größe der isländischen Wirtschaft besonders schwere Folgen (vgl. Booth, 2014).

Die Bankenkrise brachte in Island solche Unsicherheiten und Inflationsraten mit sich, dass auch die Gewalttaten bedeutend anstiegen (vgl. Booth, 2014). Des Weiteren stieg die Arbeitslosenquote von 2% im Jahr 2008 auf 10%. Im OECD Ranking liegt Island 2017 im Feld der Jobsicherheit und Beschäftigungsraten jedoch vor Dänemark; 9.5 Punkte im Vergleich zu 8.6 Punkten. An den Werten des OECD Bewertungsfeldes *Housing* ist ersichtlich, dass die Haushalte beider Länder mehr als den durchschnittlichen OECD-Satz von 20,5% ihres Einkommens für ihre Wohnkosten verwenden. So lag die Rate 2017 für Dänemark bei 23,5% (vgl. OECD c), 2017), während die Haushalte in Island „durchschnittlich 24,4% ihres bereinigten verfügbaren Bruttoeinkommens für ihre Wohnung" (OECD d), 2017) ausgaben. Und auch am Verbraucherpreisindex[9] (folgend CPI – Consumer Price Index) ist ebenfalls erkenntlich, dass die Lebenshaltungskosten sowohl in Island als auch in Dänemark hoch sind, wobei sie in Island 2017 mit 80,47 Punkten bewertet werden, während in Dänemark die Punktezahl des CPI bei 60,01 lag (vgl. Gilligan, 2018). Somit ergeben sich zwei potentielle Einflussfaktoren auf eine Work-Life-Balance im finanziellen Sektor: Unsicherheit und Kosten. Inflationen bringen soziale

---

[9] Der Verbraucherpreisindex ist ein Maßstab für Preisveränderungen der Lebenshaltung. Er wird anhand eines Warenkorb-Verbraucherschemas berechnet, „der alle Güter und Dienstleistungen enthält, die den typischen Verbrauchsgewohnheiten eines Durchschnittshaushaltes entsprechen" (Bibliographisches Institut, 2016).

Unsicherheiten vor und heben die Bedeutung einer gut funktionierenden Gesellschaft hervor, während jedoch eben eine solche Inflation auch Gefahren der Destabilisierung einer Gesellschaft birgt (vgl. Zijlstra, 1975). So stellt sich die Frage, ob die Isländer durch ihre erst kürzlich erlebten finanziellen Risiken ein höheres Sicherheitsbedürfnis, welches sich in Form von Mehrarbeit ausbildet, haben. Gleichzeitig existieren ersichtliche finanzielle Belastungen was die Lebenshaltungskosten anbelangt, die durch Mehrarbeit minimiert werden können. Hierbei sei zu erwähnen, dass dies durch bezahlte Mehrarbeit geschehen kann (im Sinne der Kostendeckung), als auch durch unbezahlte, da bei letzterem das Gefühl der Unentbehrlichkeit der eigenen Arbeitsplatzbesetzung verstärkt werden könnte (vgl. Roth-Ebner, 2015). So kommt die Frage auf, ob finanzielle Unsicherheiten oder Belastungen zur Minimierung einer ausgeglichenen Work-Life-Balance führen. Wie bereits erwähnt existieren auch in Dänemark hohe Kosten zur Lebenshaltung. Zusätzlich trägt Dänemark den höchsten Steuersatz Europas. Den Regeln der hier angewandten Untersuchungsmethode der Literatur-Review folgend, heben sich aus diesen Überlegungen besonders die Stichworte „Finanzen" (Kosten) und „Sicherheit" hervor. Daher ist es sinnvoll, politisch implementierte Sicherheitsmaßnahmen im finanziellen Bereich beider Länder näher zu betrachten.

In Dänemark existiert das sogenannte „Flexicurity Modell", welches auf Flexibilität und Sicherheit setzt; sowohl für Arbeitnehmer als auch für Arbeitgeber. Es stützt sich auf drei Säulen:

> "One side of the triangle is flexible rules for hiring and firing, which make it easy for the employers to dismiss employees during downturns and hire new staff when things improve. [...] The second side of the triangle is unemployment security in the form of a guarantee for a legally specified unemployment benefit at a relatively high level - up to 90% for the lowest paid workers." (Denmark DK, 2018; siehe zum Vergleich auch Booth, 2014).

Auch hiermit kann die Annahme, dass Unsicherheiten zu vermehrter Arbeitszeit führen können, erneut bekräftigt werden. Island hat ein solches Flexicurity-Modell nicht (vgl. Booth, 2014). Des Weiteren ist das Arbeitslosengeld in Island wie folgt geregelt:

> After the first two weeks, the unemployed person can receive earnings-related benefits for up to three months. This benefit may amount to 70% of average earnings during a six month period ending the two months before becoming unemployed (European Commission (c), 2013, S. 24).

Werden die erwähnten sozialen Sicherheitsrechte beider Länder, sowie die ebenfalls bereits erwähnten Kostenfaktoren betrachtet, kann auch hier erneut die finanzielle Sicherheit als potentieller Einflussfaktor identifiziert werden – besonders in Anbetracht des geringeren Arbeitslosengeldes in Island. Die Betrachtung der Arbeitslosigkeit erfolgt hier in Verbindung zur Work-Life-Balance aus mehreren Gründen: einerseits, da die Gefahr von Arbeitslosigkeit und die damit gesteigerte potentielle finanzielle Unsicherheit durch ein vermindertes Einkommen zur Deckung der persönlichen Lebenshaltungskosten psychologischen Druck aufbaut (vgl. Winkelmann & Winkelmann, 1998), welcher die Lebensqualität vermindern kann (vgl. Roth-Ebner, 2015), und andererseits, da auch hier Selbstkompetenzen potentiell eben diesen Druck mindern könnten.

Auch auf Deutschland bezogene Daten bekräftigen die Vermutung, dass Finanzen einen Einfluss auf eine Work Life Balance Bewertung haben. So liegt die Work-Life-Balance in Deutschland bei 8,3 Punkten (vgl. OECD k), 2018), während laut OECD deutsche Haushalte im Jahr 2017 durchschnittlich 20,4% ihres Bruttoeinkommens für ihre Wohnverhältnisse ausgaben – ein Wert, der den von Island und Dänemark jeweils übersteigt. Der CPI lag dabei 2017 bei ca. 47,2 (vgl. Gilligan, 2018). Unter gleichen Konditionen in Dänemark als auch Island (die Mindestdauer des Arbeitsverhältnisses muss 12 Monate betragen bevor ein Normalsatz des Arbeitslosengeldes in Anspruch genommen werden darf (vgl. European

Commission (a), 2017; European Commission (b) 2017; European Commission (c), 2017)), ist das Arbeitslosengeld in Deutschland wie folgt geregelt:

> „Beneficiaries with children receive 67% of net earnings, while beneficiaries without children receive 60% of net earnings"(European Commission (b), 2017, S. 29).

Die Arbeitslosengeldsätze und die CPI Werte der drei Länder ergeben im Vergleich daher folgendes: betrüge der Arbeitslosengeldprozentsatz in Deutschland, Dänemark und Island 1, dann könnte damit in Deutschland bereits ein CPI Wert von 0,70 Punkten abgedeckt werden (47,2 CPI-Punkte / höchster Normalsatz 67% Arbeitslosengeld = 0,70). In Island könnte bei einem Arbeitslosengeldsatz von 1% nur ein CPI-Wert von 0,12 abgedeckt werden (80,47 CPI / 70% Arbeitslosengeldsatz = 0,12), während die Abdeckung in Dänemark bei einem CPI-Wert von 0,67 läge (60,01 CPI / 90% Arbeitslosengeldsatz = 0,67). Durch diese Fundierungen ergibt sich eine weitere Hypothese: **„Je größer die finanziellen Unsicherheiten, desto geringer fällt die Bewertung einer Work-Life-Balance aus".** Die Überprüfung dieser könnte beispielsweise durch Sichtung von Arbeitslosengeldsätzen, CPI-Werten und Work-Life-Balance-Bewertungen anderer Länder erfolgen, die dann ähnlich dem hier angeführten Beispielen berechnet werden. Ergibt sich beispielsweise ein Muster, welches aufzeigt, dass die Work-Life-Balance Bewertung im Vergleich niedriger ist, während auch der Prozentsatz der CPI-Abdeckung durch den im jeweiligen Land gegebenen Arbeitslosengeldsatz niedriger ist, so kann dies die Hypothese bekräftigen (ähnlich den hier aufgezeigten Berechnungen: Dänemark hat hier die höchste Work-Life-Balance-Bewertung von 9,0 sowie mit 0,67 Punkten den höchsten Abdeckungswert bei einem Arbeitslosengeldsatz von 1%, während Island mit der hier geringsten Work-Life-Balance Bewertung von 4,9 Punkten mit einem Arbeitslosengeldprozentsatz von 1 nur einen CPI-Wert von 0,12 decken könnte). Hierzu könnten beispielsweise die Datensätze der Länder, die in den OECD *How's life?* Studien des WLB Rankings aufgeführt sind, genutzt werden. Bei Zurückgreifen von Daten mehrerer Jahre kann die Qualität eines solchen Vergleiches gesteigert werden. Dabei muss jedoch auf länderspezifische Regelungen geachtet werden; beispielsweise ob sich in Relation zum Arbeitslosengeld auch der CPI-Wert verändert. Sollte sich jedoch bei diesen Berechnungen ein deckungsgleiches Bild ergeben, kann der Faktor der finanziellen Sicherheit in Form von einem Arbeitslosenprozentsatz als potentieller Einfluss auf eine Work-Life-Balance-Bewertung identifiziert werden. Dieser ist durch politische Maßnahmen (besonders bei Betrachtung eines jeweiligen Verbraucherpreisindexes) veränderlich und im Kontext dieser Arbeit ein Lösungsvorschlag. Doch selbst wenn Berechnungen mittels Datensätzen anderer Länder ein deckungsgleiches Bild ergeben, so können – Karl Popper folgend – Resultate in der Wissenschaft nur durch Falsifizierungen und nicht durch Verifizierungen von Hypothesen erfolgen (vgl. Prathap & Narasimhan, 1996).

7 Fazit

Der Anspruch dieser Arbeit bestand darin, potentielle Einflussfaktoren auf eine Work-Life-Balance im Bereich der Home-Office-Anwendung zu finden und Ideen für das weitere Erforschen dieser zu erbringen. Die Motivation dafür lieferten die Statistiken der Home-Office-Anwendungen im internationalen Vergleich des deutschen Instituts für Wirtschaft und die *How's Life?* Studien der *Organisation for Economic Co-operation and Development*. Bei vergleichender Betrachtung der beiden Studien fiel auf, dass die Länder Dänemark und Island eine ähnlich hohe Menge von Anwendern alternierender Teleheimarbeit aufweisen (vgl. Brenke, 2014; sowie Brenke, 2016), jedoch eine große Differenz zwischen beiden Ländern im Feld der Work-Life-Balance-Bewertung besteht (vgl. OECD h), 2017; sowie OECD k), 2018). Dabei kam die Frage auf, ob hierin ein Zusammenhang zu finden sei, wodurch sich für einen Ländervergleich zwischen Dänemark und Island die forschungsleitende Frage ergab: „Welche Faktoren tragen zu einer gelungenen Work-Life-Balance bei Teleheimarbeit bei?".

In der hier vorliegenden Arbeit wurden somit die Länder Dänemark und Island basierend auf ihren erzielten Ergebnissen in der OECD *How's life?* Studie 2017 gegenübergestellt, um potentielle Faktoren zu entdecken, die eine Work-Life-Balance von Arbeitnehmern, die sich alternierend im Home-Office befinden, beeinflussen. Dazu wurde zunächst ein theoretischer Rahmen gezeichnet, um die später folgende Analyse besser nachvollziehen zu können, deren Grundbegriffe und zentrale Ansatzpunkte hauptsächlich auf eben dieser Theorie bauen. Auch wurde der Forschungsstand näher betrachtet, um sowohl einen Startpunkt für die erfolgte Analyse zu finden, als auch um die Vergleichbarkeiten und Qualität der Daten zu betrachten, um den Qualitätsanspruch der Analyse aufzuzeigen. In der Analyse selbst wurde auch auf ergänzende Studien eingegangen, die sich aus den in diesem Teil entstandenen Überlegungen ergaben. Die Analysemethoden der Sekundäranalyse, Literaturreview und der

Komparatistik wurden vorgestellt und im Hauptteil dieser Arbeit – der eigentlichen Analyse – angewandt.

Da die hier vorliegende Arbeit sekundäranalytisch aufgestellt wurde, wurde auf bereits vorhandene Datensätze zurückgegriffen. Dadurch konnte zunächst keine Aktualität gewährleistet werden. Da die Datensätze der OECD und DIW-Studien vorherige Jahre ebenfalls überprüft und miteinander verglichen wurden, fundiert diese Arbeit auf der Annahme, dass zum Erstellungszeitpunkt dieser Arbeit die Inanspruchnahme und Work-Life-Balance-Bewertung ein ähnliches Bild aufzeigen.

Die hier vorgenommene Analyse wurde – komparatistischen Forschungsregeln nach Stark und Magin sowie Kleinsteuber folgend - mit den offensichtlichsten Unterschieden zwischen den beiden Untersuchungsobjekten eröffnet: ihrer geografischen Lage und den sich daraus ergebenden Wetterbedingungen. Durch Unterstützung verschiedener Daten und Studien wurde dabei die erste Hypothese aufgestellt: „Je vielfältiger die Möglichkeiten zur Freizeitgestaltung, desto höher fällt die Work-Life-Balance-Bewertung aus". Die Untermauerung dieser geschah besonders mit Blick auf die Auswirkungen, die meteorologische Bedingungen auf Stimmung, Wohlbefinden und Bewegungspensum haben. Dabei wurden konkrete Angaben darüber gemacht, wie ein gesteigertes Bewegungspensum sowohl das psychische als auch physische Wohlbefinden erhöhen und somit auch die Work-Life-Balance steigern kann. Dazu wurden konkrete Lösungsvorschläge erbracht, die ebenfalls mit verschiedenen Studienergebnissen gestützt wurden. Des Weiteren erfolgten in diesem Rahmen Angaben zu möglichen Überprüfungen in der Forschung. Dabei wurde konkret die Tagebuchstudie als potentielle Methode unter Betrachtung ihrer Vorteile als auch potentieller Risikofaktoren einer eventuellen Ergebnisverzerrung vorgestellt. Sie soll dabei im beschriebenen Lösungsansatz Tagesabläufe nachzeichnen, um eventuelle Differenzen zwischen den dänischen als auch isländischen Home-Office-Anwendern zu extrahieren. Daraus könnten sich potentielle Änderungsmöglichkeiten ergeben.

Aus den Überlegungen des ersten Teils der Analyse ergaben sich weitere Annahmen, wie beispielsweise über die Existenz eines zeitlichen Optimums der Freizeit- und Arbeitsstundenaufteilung oder den Einfluss, den kulturelle und geschichtliche Gegebenheiten und Priorisierungen innerhalb einer Gesellschaft auf die länderspezifische Bewertung der Work-Life-Balance haben. Konkreter ergab sich aus letzterer Annahme die Hypothese „Je größer die finanziellen Unsicherheiten, desto geringer fällt die Bewertung einer Work-Life-Balance aus". Auch diese Hypothese wurde sekundäranalytisch begründet und gefestigt. Ebenfalls erfolgten zu ihr Überprüfungs- und Lösungsvorschläge, die auch Deutschland als Untersuchungsobjekt mit einbezogen.

Von der Tatsache ausgehend, dass laut der OECD *How's life?* Studien Arbeitnehmer in Island eine überdurchschnittlich hohe Anzahl von Überstunden aufweisen und unter der Prämisse, dass ihnen deshalb weniger Freizeit zur Verfügung steht, konzentrierte sich diese Arbeit zusammengefasst besonders auf eben diese Freizeit und deren Gestaltungsmöglichkeiten. Daraus ergab sich ebenfalls die Hervorhebung der Bedeutung von Zeitmanagementkompetenzen. Zwar lag die Betonung auf dem Nutzen für die Home-Office Anwender, es war jedoch auch erforderlich, unternehmerische Positionen nachzuzeichnen. Durch die Beschreibung von Vorteilen, die sich für die Unternehmen, die letztendlich potentiell viele der hier vorgestellten Ideen und Maßnahmen einführen, ergeben, können die arbeitgebenden Organisationen zu eben diesen Einführungen bewegt werden.

Darin lässt sich jedoch der Kritikpunkt der starken Fokussierung auf Freizeit finden, sowie den damit verbundenen meteorologischen Rahmenbedingungen. Diese wurden speziell betrachtet, da sie außerhalb eines direkten Zusammenhangs in der gesichteten Fachliteratur zur Work-Life-Balance liegen und diese Arbeit das Ziel verfolgte, neue Ideen zu erbringen. Allerdings sind die hier vorgestellten Auswirkungen und potentielle Einflüsse der Meteorologie eines Landes auf eine Work-Life-Balance sehr umfangreich zu erforschen. Des Weiteren kann bisher auf meteorologische Rahmenbedingungen kein großer Einfluss genommen werden;

daher sind hier diesbezüglich erfolgte Überlegungen eher in theoretischer Hinsicht von Nutzen, als in praktischer. Auf die sich aus den meteorologischen Bedingungen ergebenden Einflüsse auf beispielsweise das Bewegungspensum (und die damit verbundenen Auswirkungen auf das eigene mentale als auch physische Wohlbefinden, welches wiederum in Zusammenhang mit einer Work-Life-Balance steht) kann jedoch so eingewirkt und diese verändert werden, dass gewünschte Ergebnisse einer positiven Work-Life-Balance erzielt werden könnten. Auf den in dieser Arbeit ebenfalls hervorgehobenen potentiellen Einflussfaktor der finanziellen Sicherheiten kann in den gesellschaftlichen System der jeweiligen Länder ebenfalls eingewirkt werden – da diese Änderungen jedoch nicht am Subjekt direkt vorgenommen werden, sind dahin gehende Maßnahmen als auch vorangestellte Betrachtungen und Erforschungen umfangreicher und somit zeit- als auch kostenaufwendiger. Im Vergleich dazu kann der hier betonte Ausbau der Selbstmanagementkompetenzen (besonders im Bereich des Zeitmanagements) wie beschrieben in geringerem Maße erfolgen.

Die hier aufgeführten potentiellen Einflussfaktoren verdeutlichen die Verzahnung der Sphäre Arbeit mit denen ihr anliegenden. Somit kann auf die im zweiten Kapitel verwiesene Aussage nach Voß und Gottschall, dass die Entgrenzung von Arbeit sich „letztlich in allen Dimensionen sozialer Strukturierung und sozialen Handelns" (Gottschall & Voß, 2005, S. 16), und sich „als multidimensionale und damit weitreichende und tiefgehende Erscheinung zeigt" (ebd.) bekräftigt werden. Gleichzeitig führte sie im Kontext dieser Arbeit dazu, dass außerhalb der Sphäre der Erwerbstätigkeit nach potentiellen Einflussfaktoren gesucht wurden. Und auch die Mediatisierung der Arbeit, welche sich in der Arbeitsform der Teleheimarbeit zeigt und zum „Wandel von Alltag, Kultur und Gesellschaft im Kontext des Wandels der Medien" (Krotz, Despotović & Kruse, 2017, S. 14.) führt, führte zu einer Faktorensuche in verschiedenen Bereichen der in den Kapiteln 4.1. und 6.1. definierten Freizeit. Für weitere Forschungen könnte die – zusätzlich zu den hier vorgestellten - Betrachtung potentieller Einflussfaktoren auch in der Sphäre der Erwerbstätigkeit von großem

Nutzen sein. Dabei sollte stets der jeweilige Länderkontext in Betracht gezogen, sowie die Implementierungsmöglichkeiten eventueller Lösungen eruiert werden. Da die Annahmen- und Hypothesenfindung sich hier aus einer Ländervergleichsstudie ergab, muss eine Überprüfung dieser Annahmen und Hypothesen auch anhand der Länder und mittels einer erneuten Work-Life-Balance-Bewertung erfolgen. Infolge der sich auch in Zukunft aus der Subjektivierung von Arbeit – insbesondere in der Form der Teleheimarbeit – zu erwarten lassenden hohen Anforderungen an die Arbeitnehmer, ist daher die weitere Fokussierung auf Verbesserungsmöglichkeiten im Sinne der arbeitenden Subjekte von Nöten und Nutzen. Damit besteht die Chance, landesspezifische Work-Life-Balance-Bewertungen zu erhöhen.

Literaturverzeichnis

Arbeitskreis Deutscher Qualifikationsrahmen (2011). *Deutscher Qualifikationsrahmen für lebenslanges Lernen*. Berlin: Bundesministerium für Bildung und Forschung.

Bibliographisches Institut (Hrsg.) (2016). *Verbraucherpreisindex: Preisindex für die Lebenshaltung.* Bundeszentrale für politische Bildung – Das Lexikon der Wirtschaft. URL: www.bpb.de/nachschlagen/lexika/lexikon-der-wirtschaft/20318/verbraucherpreisindex.Zugegriffen: 02.10.2018.

Bleckmann, Paula (2012). *Medienmündig: wie unsere Kinder selbstbestimmt mit dem Bildschirm umgehen lernen.* Stuttgart: Klett-Cotta.

Bloom, Nicholas (2014). *To Raise Productivity, Let More Employees Work from Home.* Harvard Business Review. Harvard Business Publishing. URL: hbr.org/2014/01/to-raise-productivity-let-more-employees-work-from-home. Zugegriffen: 03.07.2018.

Booth, Michael (2014). *The Almost Nearly Perfect People: The Truth About the Nordic Miracle.* London: Jonathan Cape.

Brenke, Karl (2014). Heimarbeit: Immer weniger Menschen in Deutschland gehen ihrem Beruf von zu Hause aus nach. *DIW Wochenbericht 2014* (Nr. 8), S. 131-140.

Brenke, Karl (2016). Home Office: Möglichkeiten werden bei weitem nicht ausgeschöpft. *DIW Wochenbericht 2016* (Nr. 5), S.95-105.

Bundesministerium für Arbeit und Soziales (Hrsg.). (2015). *Monitor Mobiles und entgrenztes Arbeiten.* Berlin: Bundesministerium für Arbeit und Soziales.

Corti, Lousie; Witzel, Andreas & Bishop, Libby (2005). Potenziale und Probleme der Sekundäranalyse: Eine Einführung in die FQS-Schwerpunktausgabe über die Sekundäranalyse qualitativer Daten. *Forum Qualitative Sozialforschung / Forum Qualitative Social Research*, 6 (1), Art. 49.

Denissen, Jaap J. A.; Butalid, Ligaya; Penke, Lars & van Aken, Marcel A. G. (2008). The effects of weather on daily mood: A multilevel approach. *American Psychological Association, 2008* (5), S. 662-667.

Denmark DK (2018). *Society*. Denmark DK – The Official Website of Denmark. URL: denmark.dk/en/society/welfare/flexicurity/. Zugegriffen: 30.09.2018.

Deutscher Bundestag (Hrsg.). (2016). *Fragen für die Fragestunde der 157. Sitzung des Deutschen Bundestages am Mittwoch, dem 24. Februar 2016*. Berlin.

Deutscher Bundestag Abteilung Wissenschaftliche Dienste (Hrsg.). (2016). *Sachstand Alternierende Telearbeit: Rechtliche Regelungen und europäischer Forschungsstand in den EU-Mitgliedsstaaten*. Berlin.

Deutscher Bundestag Abteilung Wissenschaftliche Dienste (Hrsg.). (2016). *Sachstand Einzelfragen zum niederländischen Gesetz über die Flexibilität am Arbeitsplatz*. Berlin.

Deutsches Institut für Wirtschaftsforschung e.V. (2016). Impressum. *DIW Wochenbericht, 2016* (Nr. 5), S. 94.

Europäische Audiovisuelle Informationsstelle (Hrsg.). (2016). *Analyse von Praktiken und Maßnahmen zur Förderung der Medienkompetenz in der EU-28*. Straßburg: Europäische Audiovisuelle Informationsstelle.

European Commission (a) (2013). *Your social security rights: in Denmark*. Employment, Social Affairs & Inclusion. European Union. URL: http://ec.europa.eu/employment_social/empl_portal/SSRinEU/Your%20social%20security%20rights%20in%20Denmark_en.pdf. Zugegriffen: 30.09.2018.

European Commission (b) (2013). *Your social security rights: in Germany*. Employment, Social Affairs & Inclusion. European Union. URL: http://ec.europa.eu/employment_social/empl_portal/SSRinEU/Your%20social%20 security%20rights%20in%20Germany_en.pdf. Zugegriffen: 30.09.2018.

European Commission (c) (2013). *Your social security rights: in Iceland*. Employment, Social Affairs & Inclusion. European Union. URL: http://ec.europa.eu/employment_social/empl_portal/SSRinEU/Your%20social%20s ecurity%20rights%20in%20Iceland_en.pdf. Zugegriffen: 30.09.2018.

Eurostat (2018). *European Union Labour Force Survey (EU LFS): Description of the dataset*. Eurostat. European Commission. URL: ec.europa.eu/eurostat/web/microdata/european-union-labour-force-survey. Zugegriffen: 14.08.2018.

Evers, Jeannie (2017). *Climate*. Encyclopedia. The National Geographic Society. URL: www.nationalgeographic.org/encyclopedia/climate/. Zugegriffen: 27.09.2018.

Fischer, Eva (2016). *Arbeitszeiten: So arbeitet die Welt*. Handelsblatt. Handelsblatt Media Group GmbH & Co. KG. URL:www.handelsblatt.com/politik/international/arbeitsZeiten-niederlande-rechtsanspruch-auf-homeoffice/13379278-8.html?ticket=ST- 703282-sZp2EJVQ6RJ04wc47MoE-ap4. Zugegriffen: 30.05.2018.

Folke, Hans; Linton, Michael; Nokkentved, Christian; Anderson, Robert T.; Anderson, Stanley Victor (2018). *Denmark*. Encyclopaedia Britannica. Encyclopaedia Britannica, Inc.. URL: www.britannica.com/place/Denmark. Zugegriffen: 27.09.2018.

Fuchs, Mathias; Fizek, Sonia; Ruffino, Paolo & Schrape, Nilkas (Hrsg.). (2014). *Rethinking Gamification*. Lüneburg: meson press by Hybrid Publishing Lab.

Gapski, Harald (2001). *Medienkompetenz. Eine Bestandsaufnahme und Vorüberlegungen zu einem systemtheoretischen Rahmenkonzept*. Wiesbaden: Westdeutscher Verlag.

Gilligan, Patrick (2018). *The Cost of Living Around the World in 2017, Mapped!* MoveHub. IAM Logistics Network. URL: www.movehub.com/blog/living-costs-world-map/. Zugegriffen: 29.09.2018.

Gottschall, Karin & Voß, G. Günter (2005*). Entgrenzung von Arbeit und Leben: Zum Wandel der Beziehung von Erwerbstätigkeit und Privatsphäre im Alltag* (2.Auflage). Mering: Rainer Hampp Verlag München und Mering.

Helliwell, John, Layard, Richard, Sachs, Jeffrey (2012). World Happiness Report 2012. World Happiness Report. United Nations. URL: worldhappiness.report/ed/2012/. Zugegriffen: 25.07.2018.

Hirsch, Joachim & Roth, Roland (1986). *Das neue Gesicht des Kapitalismus: vom Fordismus zum Post-Fordismus.* Hamburg: VSA-Verlag.

Hübner, Edwin (2015). *Medien und Pädagogik. Gesichtspunkte zum Verständnis der Medien, Grundlagen einer anthroposophisch- anthropologischen Medienpädagogik*. Stuttgart: DRUCKtuell.

Jäckel, Michael & Rövekamp, Christoph (2001). 'Why Telework'!? Alternierende Telearbeit in der Praxis. *kommunikation@gesellschaft, 2001* (2), S. 1-9.

Jürgens, Kerstin & Voß, G. Günter (2007). *Gesellschaftliche Arbeitsteilung als Leistung der Person*. Aus Politik und Zeitgeschichte – Entgrenzung von Arbeit und Leben. Bundeszentrale für politische Bildung. Url: bpb.de/apuz/30287/gesellschaftliche- arbeitsteilung-als-leistung-der-person?p=all. Zugriff: 13.08.2018.

Kleemann, Frank (2005). Zur Re-Integration von Arbeit und Leben in Teleheimarbeit. In Gottschall, Karin & Voß, G. Günter (Hrsg.), *Entgrenzung von Arbeit und Leben: Zum Wandel der Beziehung von Erwerbstätigkeit und Privatsphäre im Alltag* (2.Auflage, S. 59-85). Mering: Rainer Hampp Verlag München und Mering.

Kleemann, Frank & Voß, G. Günter (1999). Telearbeit und alltägliche Lebensführung. In Büssing, André & Seifert, Hartmut (Hrsg.), *Die Stechuhr hat ausgedient: Flexiblere Arbeitszeiten durch technische Entwicklungen* (Bd. 12, S.147-172). Berlin: Hans-Böckler-Stiftung.

Kleemann, Frank; Matuscheck, Ingo & Voß, Günter (1999). Zur Subjektivierung von Arbeit. *Querschnittsgruppe Arbeit und Ökologie*, 1999 (99-512). Berlin: Wissenschaftszentrum Berlin für Sozialforschung gGmbH.

Kleinsteuber, H.J. (2003). Medien und Kommunikation im internationalen Vergleich: Konzepte, Methoden und Befunde. In Esser, F. & Pfetsch, B. (Hrsg.), *Politische Kommunikation im internationalen Vergleich: Grundlagen, Anwendungen, Perspektiven* (S. 78-103). Wiesbaden: Westdeutscher Verlag/ GWV Fachverlage GmbH.

Kratzer, Nick & Dieter Sauer (2005). Entgrenzung von Arbeit. Konzept, Thesen, Befunde. In Gottschall, Karin & Voß, G. Günter (Hrsg.), *Entgrenzung von Arbeit und Leben: Zum Wandel der Beziehung von Erwerbstätigkeit und Privatsphäre im Alltag* (2.Auflage, S. 59-85). Mering: Rainer Hampp Verlag München und Mering.

Kristinsson, Valdimar; Matthíasson, Björn &Karlsson, Gunnar (2018). *Iceland.* Encyclopaedia Britannica.Encyclopaedia Inc.. URL: www.britannica.com/place/Iceland/. Zugegriffen: 27.09.2018.

Krotz, Friedrich; Despotović, Cathrin & Kruse, Merle-Marie (Hrsg.). (2017). *Mediatisierung als Metaprozess: Transformationen, Formen der Entwicklung und die Generierung von Neuem.* Wiesbaden: Springer Fachmedien.

Larsen, Trine P. (2008). *Telework in Denmark.* Eurofound. URL: eurofound.europa.eu/publications/article/2008/telework-in-denmark. Zugegriffen: 31.10.2018.

Leister, Annika (2015).*Rechtsanspruch Niederlande: So ist das Home Office inDeutschland geregelt.* Berliner Zeitung. DuMont.next GmbH & Co. KG. URL:www.berliner-zeitung.de/ratgeber/karriere/rechts-anspruch-niederlande-so-ist- dashome-office-in-deutschland-gere-gelt-22759246. Zugegriffen: 30.05.2018.

Litman, L.; Rosen, Z.; Spierer, D.; Weinberger-Litman, S.; Goldschein, A. &Robinson, J. (2015). Mobile Exercise Apps and Increased Leisure Time Exercise Activity: A Moderated Meditation Analysis of the Role of Self-Efficacy and Barriers. *Journal of Medical Internet Research, 2015* (Vol. 17, No. 8), S. 2-15.

Lyubomirsky, Sonja; King, Laura; Diener, Ed (2005). The Benefit of Frequent Positive Affect: Does Happiness Lead to Success?. *Psychological Bulletin,* 131, (No.6), S.803-855.

Machi, Lawrence A. & McEvoy, Brenda T (2016). *The literature review: six steps to success* (3. Auflage). California: Thousand Oaks: Corwin Press.

Maletzke, Gerhard (1998). Kommunikationswissenschaft im Überblick: Grundlagen, Probleme, Perspektiven. Wiesbaden: Westdeutscher Verlag.

Medjedović, Irena (2014). *Qualitative Sekundäranalyse: Zum Potential einer neuen Forschungsstrategie in der empirischen Sozialforschung*. Wiesbaden: Springer Fachmedien.

Michalk, Silke & Nieder, Peter (2007). *Erfolgsfaktor Work-Life-Balance*. Weinheim: WILEY-VCH Verlag GmbH & Co. KGaA

Möhring, Wiebke &Schlütz, Daniela (2010). *Die Befragung in der Medien- und Kommunikationswissenschaft: Eine praxisorientierte Einführung* (2. Auflage). Wiesbaden: VS Verlag für Sozialwissenschaften | Springer Fachmedien.

Moosbrugger, Jeanette (2012). *Subjektivierung von Arbeit: Freiwillige Selbstausbeutung: Ein Erklärungsmodell für die Verausgabungsbereitschaft von Hochqualifizierten* (2. Auflage). Wiesbaden: Springer Fachmedien.

Müller, Ute (2016). *Work-Life Balance Strategien von Nachwuchswissenschaftlern: Eine empirische Analyse von Einflussfaktoren auf die Work-Life Balance Gestaltung in der Post-doc-Phase*. Wuppertal: Fakultät für Wirtschaftswissenschaft Schumpeter School of Business and Economics der Bergischen Universität Wuppertal.

Mummendey, Amélie (1984). Verhalten zwischen sozialen Gruppen: Die Theorie der Sozialen Identität von Henri Tajfel. *Sozialpsychologische Theorieperspektiven, 1984* (Nr. 113), S. 1-44.

OECD a) (2011). *How's Life?: Measuring well-being*. OECD ilibrary. OECD Publishing.URL: read.oecd-ilibrary.org/economics/how-s-life_9789264121164-en#page17. Zugegriffen: 14.08.2018.

OECD b) (2011). *How's Life?: Measuring well-being*. OECD ilibrary. OECD Publishing.URL: read.oecd-ilibrary.org/economic/how-s-life_9789264121164-en#page18. Zugegriffen: 14.08.2018.

OECD c) (2017). *Better Life Index: Dänemark.* Organisation for Economic Co-operation and Development. URL: www.oecdbetterlifeindex.org/de/countries/denmark-de/. Zugegriffen: 30.09.2018.

OECD d) (2017). *Better Life Index: Island.* Organisation for Economic Co-operation and Development. URL: www.oecdbetterlifeindex.org/de/countries/iceland-de/. Zugegriffen: 30.09.2018.

OECD e) (2017). *How's Life? 2017: Measuring Well-being.* OECD Publishing.URL: oecdbetterlifeindex.org/media/bli/documents/how_life-2017-sum-de.pdf.

OECD f) (2017). *How's Life in Denmark?.* Organisation for Economic Co-operation and Development. URL: www.oecd.org/statistics/Better-Life-Initiative-country-note- Denmark.pdf. Zugegriffen: 30.09.2018.

OECD g) (2017). *How's Life in Iceland?.* Organisation for Economic Co-operation and Development.URL: www.oecd.org/statistics/Better-Life-Initiative-country-note-Iceland.pdf. Zugegriffen: 30.09.2018.

OECD h) (2017). *Work-Life-Balance.* OECD Better Life Index. Organisation for Economic Co-operation and Development. URL: oecdbtterlifeindex.org/topics/work-life-balance/. Zugegriffen: 01.07.2018.

OECD i) (2018). *History.* About. Organisation for Economic Co-operation andDevelopment. URL: www.oecd.org/about/history/. Zugegriffen: 29.09.2018.

OECD j) (2018). *OECD Better Life Index: Denmark.* OECD Publishing.URL: www.oecdbetterlifeindex.org/countries/denmark/. Zugegriffen: 05.05.2018.

OECD k) (2018).*OECD.Stat. Better Life Index.* OECD. URL: stats.oecd.org/Index.aspx?DataSetCode=BLI. Zugegriffen: 01.07.2018.

OECD l) (2018). *What's the Better Life Index?*. OECD Better Life Index. Organisation for Economic Co-operation and Development. URL: oecdbetterlifeindex.org/about/better-life-initiative/#question7. Zugegriffen: 14.08.2018.

OECD m) (2018). *What we do and how*. About. Organisation for Economic Co-operation and Development. URL:oecd.org/about/whatwedoandhow/. Zugegriffen: 14.08.2018.

OECD n) (2018). *Who does what.* About. Organisation for Economic Co-operation and   Development. URL: oecd.org/about/whodoeswhat/.Zugegriffen: 14.08.2018.

Pangert, Barbara; Schiml, Nina & Schüpbach, Heinz (2015). Der Balance Check: Erfassung des Zusammenspiels von Erwerbstätigkeit und Privatleben. In Kratzer, Nick; Menz, Wolfgang &Pangert, Barbara (Hrsg.), *Work-Life-Balance – eine Frage der Leistungspolitik* (S. 313-326). Wiesbaden: Springer Fachmedien.

Prathap, G. &Narasimhan, M. G. (1996). Karl Popper. *Resonance, 1996* (1), S. 2-4.

Rippl, Susanne & Seipel, Christian (2008). *Methoden kulturvergleichender Sozialforschung: Eine Einführung*. Wiesbaden: VS Verlag für Sozialwissenschaften.

Roth-Ebner, Caroline (2015). *Der effiziente Mensch: Zur Dynamik von Raum und Zeit in mediatisierten Arbeitswelten. Bielefeld*: transcript Verlag.

Schorb, Bernd (2005). Medienkompetenz. In Hüther, Jürgen & Schorb, Bernd (Hrsg.), *Grundbegriffe Medienpädagogik*(4. Auflage). München: kopaed.

Sekretariat der ständigen Konferenz der Kultusminister der Länder in der Bundesrepublik Deutschland (2004). *Richtlinie zur Durchführung und Anerkennung von Prüfungen für Übersetzer/ Übersetzerinnen, Dolmetscher/ Dolmetscherinnen und Gebärdensprachdolmetscher/ Gebärdensprachdolmetscherinnen.* Sekretariat der ständigen Konferenz der Kultusminister der Länder der Bundesrepublik Deutschland. URL: https://www.kmk.org/fileadmin/veroeffentlichungen_beschluesse/2004/2004_03_12-Richtlinie-Dolmetscher.pdf

Sonntag, Karlheinz (2018). *Work-Life-Balance: Ausgangslage und Problemstellung.* Psychologie Uni Heidelberg. Psychologisches Institut der Ruprecht-Karls-Universität Heidelberg. URL: https://www.psychologie.uni-heidelberg.de/ae/abo/wlb/ausgangslage.html. Zugegriffen: 23.09.2018.

Spatz, Maren (2014).Work-Life-Balance. Junge Führungskräfte als Grenzgänger zwischen verschiedenen Lebensbereichen. In Haunschild, Axel & Vedder, Günther (Hrsg.), *Schriftenreihe zur interdisziplinären Arbeitswissenschaft.* Mering: Rainer Hampp Verlag.

Spinney, Jamie E. L. &Millward, Hugh (2011). Weather impacts on leisure activities in Halifax, Nova Scotia. *International Journal of Biometeorology, 55* (2), S. 133-145.

Stark, Birgit & Magin, Melanie (2012). Methodische Designs ländervergleichender Studien: Kommunikationswissenschaftlicher Forschungsstand und Perspektiven (1999-2010). In Stark, B., Magin, M., Jandura, O., & Maurer, M. (Hrsg.). (2012). *Methodische Herausforderungen komparativer Forschungsansätze* (S. 46-75). Köln: Herbert von Halem Verlag.

Thompson, J.; Boddy, K.; Stein, K.; Whear, R.; Barton, J.; Depledge M.H. (2011).*Does participating in physical activity in outdoor natural environments have a greater effect on physical and mental wellbeing than physical activity indoors?: A systematic review*. US National Library of Medicine. National Center for Biotechnology Information. URL: https://www.ncbi.nlm.nih.gov/pubmed/21291246.Zugegriffen: 29.09.2018.

Ulich, Eberhard & Wiese, Bettina S. (2011). *Life Domain Balance: Konzepte zur Verbesserung der Lebensqualität.* Wiesbaden: Gabler Verlag/ Springer Fachmedien.

Winkelmann, Liliana &Winkelmann, Rainer (1998). Why Are the Unemployed So Unhappy? Evidence from Panel Data. *Economica, 65* (257), S. 1-15.

Wirth, W., Kolb, S. (2003). Äquivalenz als Problem: Forschungsstrategien und Designs der komparativen Kommunikationswissenschaft. In Esser, F. & Pfetsch, B. (Hrsg.), *Politische Kommunikation im internationalen Vergleich: Grundlagen, Anwendungen, Perspektiven* (S. 78-103). Wiesbaden: WestdeutscherVerlag/ GWV Fachverlage GmbH.

World Health Organization (2013). *Methodology and summary: Country profiles on nutrition, physical activity and obesity in the 28 European Union Member States of the WHO European Region*. Health topics. WHO Regional Office for Europe. URL: www.euro.who.int/en/health-topics/disease-prevention/nutrition/country-work/country-profiles-on-nutrition,-physical-activity-and-obesity-in-the-28-european-union-member-states-of-the-who-european-region.-methodology-and-summary. Zugegriffen: 29.09.2018.

World Health Organization (2015*). Fact Sheet Physical Activity*. Copenhagen: WHO Regional Office for Europe.

Literaturverzeichnis

World Health Organization (2017). *Prevalence of obesity among adults, BMI >30, age-standardized Estimates by country.* Global Health Observatory data repository. World Health Organization. URL: apps.who.int/gho/data/view.main.CTRY2450A. Zugegriffen: 29.09.2018.

World Health Organization (2018). *PhysicalActivity.* Health topics. WHO Regional Office for Europe. URL: www.euro.who.int/en/health-topics/disease-prevention/physical-activity. Zugegriffen: 27.09.2018.

Wiking, Mike (2016). *The little Book of Hygge: Danish Secrets to Happy Living.* New York: HarperCollins Publishers.

Zijlstra, J. (1975). Inflation and its impact on society. *De Economist*, 123 (No. 4),S. 495-506.

Anhang

I. Vergleich OECD Punktevergabe mit deutschem Notenvergabeschlüssel

II. Berechnung CPI-Abdeckungen der Arbeitslosengeldsätze

Anhang

Vergleich OECD Punktevergabe mit deutschem Notenvergabeschlüssel

Punkte des deutschen Notensystems	Leistungs-bewertung in Prozenten	Notenwerte des deutschen Notensystems	Prädikate des deutschen Notensystems	Punkte der OECD *How's Life?* Studie	Prozentsätze der OECD Punktewerte
0	0%	6	ungenügend	0	0%
1	7%	5	mangelhaft	1	10%
2	13%	5	mangelhaft	2	20%
3	20%	5	mangelhaft	3	30%
4	27%	4-	ausreichend	4	40%
5	33%	4	ausreichend	5	50%
6	40%	4+	ausreichend	6	60%
7	47%	3-	befriedigend	7	70%
8	53%	3	befriedigend	8	80%
9	60%	3+	befriedigend	9	90%
10	67%	2-	gut	10	100%
11	73%	2	gut		
12	80%	2+	gut		
13	87%	1-	sehr gut		
14	93%	1	sehr gut		
15	100%	1+	sehr gut		

Die hier verzeichneten Leistungsbewertungen entstammen der Festlegung der *ständigen Konferenz der Kultusminister der Länder in der Bundesrepublik Deutschland* (KMK), welche 1968 die "Erläuterung der Notenstufen bei Schulzeugnissen und Einzelergebnissen in staatlichen Prüfungszeugnissen" festlegte.
(vgl. Skeretariat der ständigen Konferenz der Kultusminister der Länder in der Bundesrepublik Deutschland, 2004).

Anhang

Berechnung CPI-Abdeckungen der Arbeitslosengeldsätze

Deutschland

Von einem Arbeitslosengeldsatz von 67% des bisherigen Einkommens müssen 47,2 CPI Punkte abgedeckt werden.

Ein Arbeitslosengeldsatz von 1% kann folgende CPI Punktzahl abdecken:

67% = 47,2 CPI

(1% * 47,2 CPI) / 67% = **0,70 CPI**

Island

Von einem Arbeitslosengeldsatz von 70% des bisherigen Einkommens müssen 80,47 CPI Punkte abgedeckt werden.

Ein Arbeitslosengeldsatz von 1% kann somit folgende CPI Punktzahl abdecken:

70% = 80,47 CPI

(1% * 80,47 CPI) / 70% = **0,12 CPI**

Dänemark

Von einem Arbeitslosengeldsatz von 90% des bisherigen Einkommens müssen 60,01 CPI Punkte abgedeckt werden.

Ein Arbeitslosengeldsatz von 1% kann folgende CPI Punktzahl abdecken:

90% = 60,01 CPI

(1% * 60,01 CPI) / 90% = **0,67 CPI**